Gotthold Ephraim Lessing

Briefe

Gotthold Ephraim Lessing: Briefe.
Erstdruck in: Schriften, Zweiter Teil, Berlin (Voss) 1753. In den »Kritischen Briefen«
griff Lessing verschiedentlich auf Rezensionen zurück, die er zuvor bereits in Zeitungen
und Zeitschriften veröffentlicht hatte.

Veröffentlicht von Contumax GmbH & Co. KG
Berlin, 2010
http://www.contumax.de/buch/
Gestaltung und Satz: Contumax GmbH & Co. KG
Druck und Bindung: Books on Demand GmbH, Norderstedt

ISBN 978-3-8430-5788-2

Inhalt

Aperto pectore officia pura miscemus. Nihil in conscientia latet, quod scriptorum cuniculis occulatur.

Symmachus

Erster Brief

An den Herrn P.

Schon seit vierzehn Tagen hätte ich Ihnen Ihren Aufsatz von den *unglücklichen Dichtern* wieder zurück schicken können, weil ich ihn gleich in den ersten Abenden durchgelesen hatte. Allein ich glaubte diese Eilfertigkeit würde nicht gelehrt genug lassen; wenigstens nicht freundschaftlich genug. Denn nicht wahr, entweder Sie hätten gedacht: nun wahrhaftig der muß sehr viel müßige Stunden haben, daß er sich so gleich hat darüber machen können! oder: ja, in der kurzen Zeit mag er auch viel gelesen haben; über alles läuft er doch weg, wie der Hahn über die Kohlen! Die eine Vermutung sowohl als die andre war mir ungelegen; mir, der ich so gerne immer beschäftiget scheinen will; mir, der ich auf nichts aufmerksamer bin, als auf die Geburten meiner Freunde. Ich würde also ganz gewiß Ihr Werk wenigstens noch acht Tage auf meinem Tische haben rasten lassen; doch Sie fordern es selbst zurück, und hier ist es. Nun? aber ohne Beurteilung, werden Sie sagen? Als wenn Sie es nicht schon wüßten, daß ich durchaus über nichts urteilen will. Wollen Sie aber mit so etwas zufrieden sein, das aufs höchste einer Meinung ähnlich sieht, so bin ich zu Ihren Diensten. Sie zeigen eine sehr weitläuftige Belesenheit, die ich sehr hoch schätze, wenn es Ihnen anders nicht viel Mühe gekostet hat, sie zu zeigen. Gott weiß, wo Sie alle die unglücklichen Dichter aufgetrieben haben! Was für tragische Szenen ziehen Sie Ihren Lesern auf! Hier sitzt einer in einer ewigen Finsternis, und sieht das Licht nicht, welches gleich ihm alles belebet; dort schmachtet einer auf einem Lager, das er seit Jahren nicht verlassen. Jener stirbt, fern von seinem Vaterlande und seinen Freunden, unter Barbaren, zu welchen ihn die Empfindlichkeit eines Großen verwiesen; dieser in seiner Vaterstadt, mitten unter den Bewundrern seiner Muse, im Hospitale. Dort sehe ich einen – welche Erniedrigung für euch ihr Musen! – – am Galgen; und hier einen, gegen welches der Galgen noch ein Kinderspiel ist, mit einem Teufel vom Weibe verheiratet. Die moralischen Züge welche Sie mit unterstreuen sind gut; ich hätte aber gewünscht, daß sie häufiger wären, daß sie aus Ihren Erzählungen ungezwungner flössen, und in einem minder schulmäßigen Tone dahertönten. Auch das gefällt mir nicht, daß Sie keine Klassen unter den unglücklichen Dichtern machen. Diejenigen, welche so zu reden die Natur unglücklich gemacht hat, als die Blinden, gehören eigentlich gar nicht darunter, weil sie unglücklich würden gewesen sein, wenn sie auch keine Dichter geworden wären. Andre haben ihre übeln Eigenschaften unglücklich gemacht, und auch diese sind nicht als unglückliche Dichter, sondern als Bösewichter, oder wenigstens als Toren anzusehen. Die einzigen, die diesen Namen verdienen, sind diejenigen, welche eine unschuldige Ausübung der Dichtkunst, oder eine allzueifrige Beschäftigung mit derselben, die uns gemeiniglich zu allen andern

Verrichtungen ungeschickt läßt, ihr Glück zu machen verhindert hat. Und in diesem Verstande ist ihre Anzahl sehr klein. Ja sie wird noch kleiner, wenn man ihr vorgebliches Unglück in der Nähe mit gesunden Augen, und nicht in einer ungewissen Ferne, durch das Vergrößerungsglas ihrer eigenen mit allen Figuren angefüllten Klagen betrachtet. Ist es nicht ärgerlich, wenn man einen Saint Amant, einen Neukirch, einen Günther so bitter, so ausschweifend, so verzweifelnd über ihre, in Vergleichung andrer, noch sehr erträgliche Armut wimmern hört? Und sie, die Armut, ist sie denn etwa nur das Schicksal der Dichter und nicht viel mehr auch aller andern Gelehrten? So viel Sie mir arme Dichter nennen können, eben so viel will ich Ihnen arme Weltweise, arme Ärzte, arme Sternkundige etc. nennen. Aus diesem Gesichtspunkte also, mein Herr, betrachten Sie, wann ich Ihnen raten soll, Ihre Materie etwas aufmerksamer, und vielleicht finden Sie zuletzt, daß Sie ganz unrecht getan haben, ich weiß nicht was für einen gewissen Stern zu erdichten, der sich ein Vergnügen daraus macht, die Säuglinge der Musen zu tyrannisieren. - - - Sind Sie meiner Erinnerungen bald satt? Doch, noch eine. Ich finde, daß Sie in Ihrem Verzeichnis einen Mann ausgelassen haben, der vor zwanzig andern eine Stelle darinne verdienet; den armen *Simon Lemnius*. Sie kennen ihn doch wohl? Ich bin etc.

Zweiter Brief

An ebendenselben

Wahrhaftig, ich bewundre Sie! Ein Beiwort, an dessen Nachdruck ich nicht einmal gedacht hatte, legen Sie mir in allem Ernste zur Last? Ich fürchte, ich fürchte, wir werden über den *armen Simon Lemnius* in einen kleinen Zank geraten. Und da sehen Sie es, daß ich das Herz habe, ihn noch einmal so zu nennen, ob Sie ihn gleich den verleumderischen, den boshaften, den meineidigen, den unzüchtigen heißen. Aber sagen Sie mir doch, geben Sie ihm diese Benennungen, weil Sie seine Aufführung untersucht haben, oder weil sie ihm von andern gegeben werden? Ich befürchte das letztere, und muß also den *armen Lemnius* doppelt beklagen. War es nicht genug, daß ihn Luther verfolgte, und muß sein Andenken auch noch von der Nachwelt befeindet werden? Aber Sie erstaunen; Luther und verfolgen, scheinen Ihnen zwei Begriffe zu sein, die sich widersprechen. Geduld! Wann Sie wollen, so will ich Ihnen alles erzählen; und alsdann urteilen Sie. Vorher aber muß ich Sie um alles was heilig ist bitten, mich nicht für einen elenden Feind eines der größten Männer, die jemals die Welt gesehen hat, zu halten. Luther stehet bei mir in einer solchen Verehrung, daß es mir, alles wohl überlegt, recht lieb ist, einige kleine Mängel an ihm entdeckt zu haben, weil ich in der Tat der Gefahr sonst nahe war, ihn zu vergöttern. Die Spuren der Menschheit, die ich an ihm finde, sind mir so kostbar, als die blendendste seiner Vollkommenheiten. Sie sind so gar für mich lehrreicher, als alle diese zusammen genommen; und ich werde mir ein Verdienst daraus machen, sie Ihnen zu zeigen.[1] – – Zur Sache also! Lemnius, oder wie er auf Deutsch heißt, Lemichen, lag den Wissenschaften in Wittenberg ob, eben als das Werk der Reformation am feurigsten getrieben ward. Sein Genie trieb ihn zur römischen Dichtkunst, und mit einer ziemlich beträchtlichen Stärke darinne verband er eine gute Kenntnis der griechischen Sprache, welches damals noch etwas seltnes war. Sein muntrer Kopf und seine Wissenschaften erwarben ihm die Freundschaft des Melanchthons, welcher ihn mit Wohltaten überhäufte. Sabinus, der Schwiegersohn des Melanchthons, befand sich damals auch in Wittenberg. Zwei gleiche Köpfe auf einer hohen Schule werden sich leicht finden, und Freunde werden. Sabinus und Lemnius wurden es auf die ausnehmendste Weise, und ich finde, daß auch die darauf folgenden Händel ihre Freundschaft nicht geendet haben. Im Jahre 1538 kam es dem Lemnius ein, zwei Bücher lateinischer Sinnschriften drucken zu lassen. Er ließ sie also unter sei nem Namen drucken; er ließ sie in Wittenberg drucken, und brachte sie vorher, wie ich es höchst wahrscheinlich zeigen kann, dem Melanchthon zur Beurteilung. Diese drei Umstände, mein Herr, erwägen Sie wohl; sie beweisen schon so viel, daß Lemnius ein gut Gewissen muß gehabt haben. Melanchthon fand nichts anstößiges darinne, wie es Sabinus dem Drucker versicherte. Nunmehr wurden sie bekannt gemacht; aber kaum waren sie einige Tage in den Händen der Leser gewesen, als Luther auf einmal ein entsetzliches Ungewitter wider sie, und ihren Verfasser erregte. Und warum? Fand er etwa jene lascivam verborum licentiam darinne? Diese wäre vielleicht zu entschuldigen gewesen, weil sie der Meister in dieser Art des Witzes, Martial, Epigrammaton linguam nennt. Oder fand er, daß sie giftige Verleumdungen enthielten, die Ehre eines unschuldigen Nächsten zu brandmalen? oder fand er gar seine eigene Person darinne beleidigt? Nein; alles das, weswegen Sinnschriften mißfallen können, mißfiel Luthern nicht, weil es nicht darinne anzutreffen war; sondern das mißfiel ihm, was wahrhaftig an den Sinnschriften das anstößige sonst nicht ist: einige Lobeserhebungen. Unter den damaligen Beförderern der Gelehrsamkeit war der Kurfürst von Mainz Albrecht einer der vornehmsten. Lemnius hatte Wohltaten von ihm empfangen, und mit was kann sich ein Dichter sonst erkenntlich erzeigen, als mit seinen Versen? Er machte also deren eine ziemliche Menge zu seinem Ruhme; er lobte ihn als einen gelehrten Prinzen, und als einen guten Regenten. Er nahm sich aber wohl in Acht, es nicht auf Luthers Unkosten zu tun, welcher an dem Albrecht einen Gegner hatte. Er gedachte seines Eifers für die Religion nicht mit einem Worte, und begnügte sich, seine Dankbarkeit mit ganz allgemeinen, ob gleich hin und wieder übertriebenen Schmeicheleien an den Tag zu legen. Gleichwohl verdroß es Luthern; und einen katholischen Prinzen, in Wittenberg, vor seinem Angesichte zu loben, schien ihm ein unvergebliches Verbrechen.[2] Ich dichte diesem großen Manne hierdurch nichts an, und berufe mich deswegen auf sein eigen Programma, welches er gegen den Dichter anschlagen ließ, und das Sie, mein Herr, in dem 6ten Tome seiner Schriften, Altenburgischer Ausgabe, nachlesen können. Hier werden Sie seine Gesinnungen in den trockensten Worten finden; Gesinnungen, welche man noch bis auf den heutigen Tag auf dieser hohen Schule beizubehalten scheinet. Luther donnerte also mündlich und schriftlich wider den unbehutsamen Epigrammatisten, und brachte es in der ersten Hitze so gleich dahin, daß ihm Stubenarrest angekündigt ward. Ich habe immer gehört, daß ein Poet eine furchtsame Kreatur ist; und hier sehe ich es auch. Lemnius erschrak desto heftiger, je unvermuteter dieser Streich auf ihn fiel; er hörte, daß man allerhand falsche Beschuldigungen wider ihn schmiedete, und daß Luther die ganze Akademie mit seinem Eifer ansteckte; seine Freunde machten ihm Angst, und prophezeiten ihm lauter Unglück, anstatt ihm Mut einzusprechen; seine Gönner waren erkaltet; seine Richter waren eingenommen. Sich einer nahen Beschimpfung, einer unverdienten Beschimpfung zu entziehen, was sollte er tun? Man riet ihm zur Flucht; und die Furcht ließ ihm nicht Zeit zu überlegen, daß die Flucht seiner guten Sache nachteilig sein werde. Er floh; er ward zitiert; er erschien nicht;[3] er ward verdammet; er ward erbittert; er fing an seine Verdammung zu verdienen, und tat, was er noch nicht getan hatte; er

verteidigte sich, so bald er sich in Sicherheit sahe; er schimpfte; er schmähte; er lästerte.
– – Soll ich in meinen künftigen Briefen fortfahren, Ihnen mehr davon zu sagen? Ich bin etc.

Dritter Brief

An ebendenselben

Ehe ich fortfahre, soll ich Ihnen auf verschiedene Punkte antworten. Wohl! Der erste ist dieser: Sie behaupten die Lobeserhebungen des Albrechts wären nicht das einzige gewesen, was Luthern wider den Lemnius aufgebracht; sondern verschiedne bittre Anzüglichkeiten wider den und jenen ehrlichen Mann hätten das ihre dazu beigetragen. Sie berufen sich dieserwegen auf des Matthesius und Luthers eigenes Zeugnis. Allein wie schwer wird es Ihnen fallen, wenn Sie diese Anzüglichkeiten in den ersten zwei Büchern, von welchen allein jetzo die Rede ist, werden erhärten sollen! Wenn Lemnius spottet, so spottet er über die allergemeinsten Laster und Torheiten; er braucht niemals andre als poetische Namen; und das Beißende ist sein Fehler so wenig, daß ich ihm gar wohl einen stärkern Vorrat davon gewünscht hätte; gesetzt auch, daß das Bißchen Ehre dieses oder jenes Toren draufgegangen wäre. Ich behaupte also kühnlich, daß Lemnius so wenig ein Verleumder ist, daß ich ihn nicht einmal für einen guten Epigrammatisten halten kann, welcher das Salz mit weit freigebigern Händen ausstreuet, ohne sich zu bekümmern, auf welchen empfindlichen Schaden es fallen wird. Aber hier sind sie ja, rufen Sie, die gottlosen Sinnschriften, welche eine solche Ahndung gar wohl verdienten. Hat sie nicht Schellhorn angeführt? Und sollten Sie sie nicht gelesen haben? – – – Ja, mein Herr, ich habe sie gelesen; und diese eben sind es, wo ich Sie erwartete, um Ihnen unwidersprechlich zu zeigen, wie unbillig die Aufbürdungen waren, welche man dem Lemnius machte. Martial bittet in der Vorrede zu seinen Sinnschriften: absit a jocorum nostrorum simplicitate malignus interpres, nec Epigrammata mea scribat. – – Und daß sie bei dem Geier wären, die verdammten Ausleger! Bald wird man vor diesem Geschmeiße keinen Einfall mehr haben dürfen! – – Jedoch ich erzürne mich, und zum Beweisen braucht man kaltes Blut. Lassen Sie uns also ganz gelassen anfangen; und zwar bei dem Midas. Der Rang gehet nach den Ohren! Das Sinngedichte, das Lemnius auf ihn gemacht hat, enthält ungefähr dieses: *Midas*, spricht er; *wann schon dein Haus auf Marmorsäulen ruhte; wann du in deinen Kasten gleich venetianische Schätze verschlossen hättest; so bist du doch ungelehrt, und nichts besser als ein Bauer. Denn was du bist, kann der geringste aus dem Pöbel sein.* Wen muß er wohl mit dieser Sinnschrift gemeint haben? Einen reichen Edelmann ohne Zweifel, dessen ganzer Verstand der Goldklumpen war; oder wohl gar, wenn es dergleichen schon damals gegeben hat, einen dummen Grafen, den man mit seinem Hofebauer vermengen würde, wenn ihn nicht das reiche Kleid kenntlich machte. – – Ach, was Edelmann? Was Graf? Hier ist ein ganz andrer gemeint. Der Dichter ist ein Majestätsschänder, und er meint niemand geringern, als den Kurfürsten von Sachsen.

13

– – Wen? Den großmütigen *Johann Friedrich?* Wie ist das möglich? – – Möglich, oder nicht; kurz es ist klar; lesen Sie doch nur das Original:

In Midam

Extent marmoreis tibi splendida tecta columnis.
Et tibi vel Venetas arca recondat opes;
Aurifer et nitidis tibi serviat Albis arenis,
Serviat et culti plurima gleba soli;
Multaque florentes pascant armenta per agros,
Tondeat et teneros rustica villa greges:
Es tamen indoctus; rides? es rusticus idem:
Id quod es, e populo quilibet esse potest.

Nun, finden Sie es noch nicht, daß der Kurfürst von Sachsen gemeint ist? O, Sie sind mutwillig blind! Glauben Sie mir nur, die Zeile

Aurifer et nitidis tibi serviat Albis arenis,

ist nicht umsonst. Wo fließt denn die Elbe? Wem dienet denn dieser Fluß? – – – Doch es fällt mir unmöglich in diesem Tone länger fortzufahren. Im Ernste also: kann eine Beschuldigung boshafter und zugleich ungegründeter sein? Von allen den übrigen Sinnschriften, die man ihm zur Last legt, werde ich ein gleiches sagen müssen. Er schildert einen Thraso, welcher nicht eher Mut hat, als bis er ihn aus den Gläsern in sich gegossen: und das soll der Commendant in Wittenberg sein. Er malet einen Rabulisten ab, dessen nichts bedeutendes Gewäsche er verlacht: und muß den Kanzler Pontanus getroffen haben. Auf ein ehrliches Frauenzimmer sollen folgende Zeilen gehn:

Cur vites semper communia balnea dicam,
Quod sis nigra scio, quod scabiosa puto.

Und was ist gleichwohl klärer, als daß dieses ein Frauenzimmer sein muß, welches nirgends als in der Einbildung des Dichters anzutreffen? Hatte denn Wittenberg damals öffentliche Bäder, welche das Mannsvolk und das Frauenzimmer ohne Unterschied zugleich besuchen durfte? Oder hat dergleichen jemals eine christliche Stadt gehabt? Erlauben Sie mir also, mein Herr, daß ich die übrigen Vorwürfe von dieser Art übergehe; und suchen Sie, wenn Sie können, in den ersten zwei Büchern stärkere und der Wahrheit gemäßere Beispiele auf, um mich zu überzeugen. Finden Sie aber deren keine; so sein Sie gelehrig, und erlauben, daß ich Sie überzeugen darf. Wollen Sie mir etwan einwenden: Lemnius könne allerdings auf den und jenen gezielet haben, ob es uns gleich jetzo, wegen Entfernung der Zeit, und aus Mangel gewisser kleinen Nachrichten, unmerklich wäre; genug, daß doch damals seine Stiche geblutet hätten, wie man aus dem Zeugnisse der Zeitverwandten sehen könne. – – – Ich will mich dieses zu widerlegen nicht dabei aufhalten, was ich von den Grenzen einer erlaubten Satyre hernehmen könnte; sondern ich will mich gleich zu dem Zeugnisse selbst wenden, auf welches Sie sich berufen. Lassen Sie uns also die Stelle aus des Matthesius Predigten über das Leben unsers Luthers näher betrachten. Hier ist sie: »*Im 38. Jar thet sich herfür ein Poetaster, Simon Lemchen genant: der fing an, viel guter Leut mit schendlichen und lesterlichen Versen zu schmehen, und die grossen Verfolger des Evangelii mit seiner Poeterey zu preisen, auch unsern Doctor in seiner Krankheit zu verhöhnen, dazu ihm grosser Leut Verwandten halffen, daß soche Schmehschriften gedruckt, und heimlich ausgestreuet wurden, wie auch dieser Lemnius hernach eine Rifianische und greuliche Lesterschrift, die er den Hurenkrieg nennet, dem heiligen Ehestand und der Kirchendiener Ehe, und viel erbaren Frauen zu Unehren ließ ausgehen etc.*« Als Prediger, bin ich hier mit dem guten Matthesius recht wohl zufrieden, aber als Geschichtschreiber gar nicht. Eine einzige Anmerkung wird seine Glaubwürdigkeit verdächtig machen. Er sagt, Lemnius habe *Luthern* in seiner Krankheit verhöhnt. Wo finden Sie in den ersten zwei Büchern die geringste Spur davon? Suchen Sie, so viel Sie wollen! Matthesius begeht hier ein Hysteronproteron, welches gar nicht fein ist. Lemnius hat Luthers eher mit keinem Worte im Bösen gedacht, als bis er es an Ihm erholte. Das Sinngedichte, auf welches Matthesius hier zielt, stehet in dem dritten Buche, in welchem freilich sehr viel nichtswürdige Sachen stehen, die aber durchaus nicht zur Ursache seiner Verdammung können gemacht werden, weil er sie erst nach derselben den beiden ersten Büchern beifügte. Es ist zwar so schmutzig und so niederträchtig, daß ich mich mehr als die beiden ersten Zeilen, welches folgende sind:

In M. Lutherum

Ipse dysenteriam pateris clamasque cacando
Quamque aliis optas evenit illa tibi etc.

anzuführen scheue: wann es aber auch noch schmutziger, noch niederträchtiger wäre, so würde es dennoch dem Matthesius sehr übel zu nehmen sein, daß er den Lemnius verhaßt zu machen, zu Falschheiten seine Zuflucht nimmt, und dasjenige zum Hauptverbrechen macht, was nichts als die Wirkung eines verbitterten Gemüts war. Da er sich aber hier auf dem fahlen Pferde finden läßt, wie kann man ihm in den übrigen trauen? Werden die schändlichen und lästerlichen Verse auf viel gute Leute, nicht eben so erdichtet, wenigstens zu früh vorweg genommen sein, als die Verhöhnung des kranken Luthers? Und sie sind es auch allerdings, weil, was ich schon mehr als einmal gesaget habe, in den ganzen beiden ersten Büchern keine Spur davon anzutreffen ist. Es bleibt also auch in diesem Zeugnisse dem Lemnius weiter nichts zur Last, als daß er, wie Matthesius sagt, die *grossen Verfolger des Evangelii mit seiner Poeterey gepriesen hat.* Aber auch das ist nicht eigentlich wahr, weil er den Kurfürsten Albrecht zwar lobt, aber stets bloß als einen Beförderer der Wissenschaften und als einen Beschützer der Gelehrten, welches auch Erasmus und Hutten getan haben, niemals aber als einen Feind der damals neu aufkeimenden reinern Lehre. Kaum daß er ganz von weiten, so viel ich mich erinnere, an einer einzigen Stelle, auf seine Liebe gegen die alte Religion zielt – – Auf ihren ersten Einwurf, mein Herr, glaube ich Ihnen also genug getan zu haben. Ich hätte noch den zweiten zu beantworten, allein ich will es lieber versparen und Sie argwonen lassen, daß ich nicht sogleich etwas dagegen erwidern könnte, als durch einen unbändig langen Brief Ihre Aufmerksamkeit schwächen. Ich bin etc.

16

Vierter Brief

An ebendenselben

Ich bin Ihnen noch die Antwort auf einen zweiten Einwurf schuldig. Sie behaupten, Lemnius habe seine Sinnschriften verstohlner Weise drucken lassen; ich hingegen habe gesagt, es sei höchst wahrscheinlich, daß er sie dem Melanchthon vorher zur Beurteilung übergeben. Sie berufen sich auf ein Schreiben des letztern an den Kurfürsten, dessen Inhalt Seckendorf anführt; und ich bin kühn genug eben dieses Schreiben für mich zu gebrauchen. Melanchthon schreibt also an den Kurfürsten, welchem ohne Zweifel Luther diese Kleinigkeit auf der allerschwärzesten Seite vorgestellet hatte: »Was er dabei versehen habe, sei ohne Vorsatz geschehen; Lemnius habe ihm für seine erwiesene Wohltaten schlecht gedankt, und ihn selbst an zwei Stellen sehr schimpflich durchgezogen. Er habe die Sinnschriften nicht eher zu sehen bekommen, als da sie schon abgedruckt gewesen. Weil er viel Anzüglichkeiten gegen Privatpersonen darinne gefunden, habe er dem Verfasser sogleich Stubenarrest ankündigen lassen, und sei Willens gewesen, ihn zu relegieren. Als er den Tag darauf gar verschiedenes angetroffen, was dem Kurfürsten und Landgrafen zur Verkleinerung gereiche, habe er ihn wollen in Verhaft nehmen lassen. Lemnius aber sei ihm mit der Flucht zuvorgekommen; man habe ihn öffentlich vorgeladen, und ihn endlich, weil er nicht erschienen, mit Schimpf von der hohen Schule verbannt. Er bitte also den Kurfürsten, es ihm nicht übel zu deuten, daß er wegen der vielen akademischen Geschäfte, die Sinnschriften des Lemnius nicht gleich durchgelesen, und das was der Ehre des Kurfürsten darinne nachteilig sei, nicht gleich gefunden habe. Man solle es ihm nicht zurechnen, daß sein Schwiegersohn, wie man vorgebe, dem Drucker die Sinnschriften zu drucken angeraten, und noch die Lügen hinzugefügt habe, daß sie von ihm, dem Melanchthon, gebilliget wären« – – – Sagen Sie mir aufrichtig, mein Herr, klingt dieses nicht vollkommen, wie das Gewäsche eines Mannes, der sich gedrungen entschuldiget, und eigentlich nicht weiß was er sagen soll? Ich darf Ihnen den Charakter des Melanchthons nicht lang schildern; Sie kennen ihn so gut als ich. – – Ein sanftmütiger ehrlicher Mann, der mit sich anfangen ließ was man wollte, und den besonders Luther lenken konnte, wie er es nur immer wünschte. Sein Feuer verhielt sich zu Luthers Feuer, wie Luthers Gelehrsamkeit zu seiner Gelehrsamkeit. Nach seiner natürlichen Aufrichtigkeit würde er es gewiß frei bekannt haben, daß er in den Sinnschriften des Lemnius nichts anstößiges gefunden, wenn Luther nicht gewollt hätte, daß er etwas darinne finden sollte. Er hatte von der Einsicht seines Freundes so hohe Begriffe, daß so oft sein Verstand mit Luthers Verstande in Kollision geriet, er den seinigen allezeit Unrecht haben ließ. Luthers Augen waren ihm glaubwürdiger, als seine eigene. Sie sehen es hier. Er ließ sich nicht allein Schmähungen wider seinen Landesherrn in den unschuldigen Sinnschriften von ihm weisen, sondern ließ sich so gar überreden, daß Lemnius auch ihn selbst nicht verschonet habe. Nun aber biete ich die scharfsichtigsten Augen auf, mir diese zwei Stellen nur mit der allergeringsten Wahrscheinlichkeit zu zeigen. Das finde ich wohl, und finde es auf den meisten Seiten, daß Lemnius den Melanchthon lobt, und daß er ihn auch noch da lobt, da er wider alle Anhänger des Luthers die giftigsten Spöttereien ausströmet. Er schiebt alle Schuld auf den Sabinus, weil sie doch auf jemanden muß geschoben sein. Wer aber kann sich wohl einbilden, daß dieser seinem Schwiegervater einen so übeln Dienst habe leisten wollen? Wenigstens, wenn er es getan hat, so muß man ihm so viel Rechtschaffenheit zutrauen, daß er etwas ganz gleichgültiges zu tun geglaubt hat. Er muß die Sinnschriften seines Freundes für etwas unschuldiges angesehen haben, das von nichts weniger als gefährlichen Folgen sein könne. Und auch alsdann habe ich schon viel gewonnen. Eben so unschuldig als sie dem *Sabinus* geschienen, eben so unschuldig haben sie auch dem *Melanchthon* scheinen können; und er selbst ist es nicht in Abrede, weil er um Verzeihung bei dem Kurfürsten bittet, daß er das Anstößige darinne nicht sogleich wahrgenommen. O wahrhaftig, wo es nicht gleich in die Augen fällt, wo man es lange suchen muß, da ist es selten in der Tat anzutreffen! Doch ich besinne mich, daß ich einmal recht freigebig mit Ihnen verfahren will. Wenn ich Ihnen zugebe, daß in der Tat alles ohne Billigung des *Melanchthons* gedruckt worden, warum hat man den *Sabinus* nicht zur Verantwortung gezogen? Diesem, und nicht dem *Lemnius*, ist die Übergehung der Zensur zuzuschreiben. Diesen strafe man, wenn anders, es sei nun durch seine Bosheit, oder durch seine Nachlässigkeit, ein strafbares Buch zum Vorschein gekommen ist. Ich sage mit Fleiß ein strafbares Buch, denn wenn es ein gleichgültiges gewesen ist, wie ich in meinem vorigen Briefe erwiesen habe, so ist weder dem einen noch dem andern, dem Lemnius aber am allerwenigsten, ein Verbrechen aus Verabsäumung einer Zeremonie zu machen. Und mehr als eine Zeremonie wäre es nicht gewesen. – – Es ist mir recht lieb, daß ich hier abbrechen kann; denn wahrhaftig das Verteidigen wird mir sauer, wenn ich etwas allzuleichtes zu verteidigen habe. Ich bin etc.

Fünfter Brief

An ebendenselben

Ich kann also in meiner Erzählung fortfahren? – – Ich schloß meinen zweiten Brief mit der Flucht des Lemnius. Sagen Sie nicht, daß ihn diese Flucht meineidig gemacht hat, und daß er vermöge des Eides, den er als ein akademischer Bürger geleistet, sein Urteil hätte abwarten sollen. Wenn ich augenscheinlich sehe, daß mir meine Richter die Gerechtigkeit versagen werden, so entfliehe ich nicht meinen Richtern, sondern Tyrannen, wenn ich ihnen entfliehe. Ein aufgebrachter Luther war alles zu tun vermögend. Bedenken Sie; seine blinde Hitze ging so weit, daß er sich nicht scheute in einer öffentlichen, an die Kirchtüren angeschlagenen Schrift zu behaupten: *der flüchtige Bube*, wie er den Lemnius nennt, *würde, wenn man ihn bekommen hätte, nach allen Rechten billig den Kopf verloren haben.* Den Kopf? und warum? Wegen einiger elenden Spöttereien, die nicht er, sondern seine Ausleger giftig gemacht hatten? Ist das erhört? Und wie hat Luther sagen können, daß ein Paar satyrische Züge gegen Privatpersonen mit dem Leben zu bestrafen wären; er, der auf gekrönte Häupter nicht stichelte, sondern schimpfte? In eben der Schrift, in welcher er den Epigrammatisten verdammt, wird er zum Pasquillanten. Ich will seine Niederträchtigkeiten eben so wenig wiederholen, als des Lemnius seine. So viel aber muß ich sagen: was Lemnius hernach gegen Luthern ward, das ist Luther hier gegen den Kurfürsten von Mainz. – – – Gott, was für eine schreckliche Lektion für unsern Stolz! Wie tief erniedriget Zorn und Rache, auch den redlichsten, den heiligsten Mann! Aber, war ein minder heftiges Gemüte geschickt, dasjenige auszuführen, was Luther ausführte? Gewiß, nein! Lassen Sie uns also jene weise Vorsicht bewundern, welche auch die Fehler ihrer Werkzeuge zu brauchen weiß! – – Diese gedachte Schrift des Luthers ward gleich nach der Flucht des Lemnius angeschlagen, und zog seine öffentlichen gerichtlichen Vorladungen nach sich. Der Herr Prof. Kappe hat sie uns in dem *dritten Teil seiner Nachlese* aus einer Handschrift mitgeteilet. Sie sind wert gelesen zu werden, und ein Paar Anmerkungen die ich sogleich darüber machen will, werden Ihnen Lust dazu erwecken. Die erste ist diese: man läßt das Verbrechen des Lemnius bloß darinne bestehen, daß er in seinen giftigen Versen viel ehrliche Leute von allerlei Stande angegriffen habe. Es ist bekannt, daß damals Melanchthon alle akademische Anschläge besorgte, und auch in diesem ist seine bekannte Behutsamkeit deutlich zu spüren. Er gedenkt der Lobsprüche des Kurfürsten Albrechts, derentwegen Luther das meiste Lärmen machte, mit keinem Worte. Noch vielweniger sagt er, daß Lemnius den Landesherrn angetastet habe. Zu beiden war er zu klug; jenes hätte einen blinden Haß verraten; und dieses stand nicht zu erweisen. Meine zweite Anmerkung wird Ihnen zeigen, daß man bei diesem Prozesse tumultuarisch verfahren. Lemnius wird nicht, wie gewöhnlich, zu drei verschiedenenmalen, sondern gleich auf das erstemal peremptorie zitiert, und der Termin, den man ihm setzt, sind acht Tage. Dieser Umstand, sollte ich meinen, verrät mehr eine Lust zu verdammen, als zu verhören. Lemnius erschien, wie man leicht denken kann, nicht, und ward also öffentlich contumaciert und seine Relegation ward auf den achten Tag darnach, als den 3ten Julius, festgesetzt. In dem Anschlage, in welchem man ihn contumaciert, wird gesagt, man habe ihm in der Zitation freigestellt, entweder selbst, oder durch einen Bevollmächtigten zu erscheinen. Allein dieses ist falsch; er wurde ausdrücklich in eigner Person vorgeladen, und es ist besonders, daß man sich auch nicht einmal so viel Zeit genommen hat, diese Kleinigkeit nachzusehen. Die Relegation ging also erwähnten Tages vor sich, und der Anschlag wodurch sie bekannt gemacht wurde, ist in so heftigen Ausdrücken abgefaßt, daß Lemnius notwendig erbittert werden mußte. Er war von Wittenberg nach Halle, zu seinem *Mäzen* dem Albrecht geflohen, und hier fand er vollkommene Freiheit, seine Feinde nach dem Sprichtworte: Per quod quis peccat etc. zu bestrafen. Die beiden ersten Bücher seiner Sinnschriften waren in Wittenberg verbrannt worden; er ließ sie also wieder auflegen, und fügte ein drittes Buch hinzu, worin er die Strafe, die er voraus empfangen hatte, recht reichlich zu verdienen suchte. Vogt sagt, diese zweite Auflage sei in Basel gedruckt worden. Ich habe sie eben vor mir, kann aber nicht die geringste Spur davon entdecken, weil ich gar keinen Ort benennet finde. Da ich des Hr. Vogts einmal gedacht habe, so merken Sie doch dieses von ihm, daß er auch einer von denen ist, welche, zum Nachteile der Wahrheit, in der ersten Ausgabe Schmähungen wider den Kurfürsten von Sachsen, wider Luthern und andre Wittenbergische Professores, finden. Luthers ist mit keinem Worte darinne gedacht, und was er in dem dritten Buche wider ihn hat, muß man durchaus nicht auf die Rechnung der zwei ersten schreiben, und also zur Ursache der Verbannung machen. Der Hr. Prof. Kappe beschreibet, in dem vierten Teile des angezognen Werks, beide Ausgaben sehr sorgfältig; und ich verweise Sie dahin, um mich bei bekannten Sachen nicht aufzuhalten. Es tut mir aber leid, daß ich eben das von ihm sagen muß, was ich von dem Hrn. Vogt gesagt habe. Von der Apologie des Lemnius, welche nach dem dritten Buche heraus kam, werde ich gleichfalls nichts gedenken, weil sie Ihnen schon aus dem Schellhorn genugsam bekannt ist. Ich eile vielmehr auf den Hurenkrieg, wie ihn Matthesius nennt, und rühme mich im voraus, daß das, was ich davon sagen werde, durchaus neu sein wird, weil Hr. Freytag und andre Bücherkenner einmütig gestehen, daß von dieser Schrift, wovon sie auch nicht einmal den eigentlichen Titel wissen, überall ein tiefes Stillschweigen sei - - Spitzen Sie sich aber nur nicht umsonst, mein Herr. Ich werde Sie auf dieses Konfekt noch acht Tage warten lassen, und hier abbrechen - - Doch ich habe ja noch eine Hand breit Platz; warum soll ich diesen ledig lassen? - - Will mir denn geschwind nichts einfallen ob fugam vacui? Doch ja; ich will Ihnen noch sagen, daß man unter den Nichtswürdigkeiten des dritten Buchs auch noch hier und da eine artige Anekdote antrifft. Diese zum Exempel, daß Erasmus den J. Jonas oratorem sine grammatica genennt hat. O ich bitte Sie, lassen Sie diesen Einfall nicht ins Vergessen geraten; er ist allzuartig, und auch jetziger Zeit noch brauchbar. Besinnen Sie sich, wie wir vor einem Jahre über die Herrn ** und ** lachten, wann sie mitten in ihrem oratorischen Feuer, bei Wendungen, die eines Cicero wert waren, den Donat vergessen zu haben schienen. Eine Maulschelle die der gute Priscian in einem Panegyrico bekam, ärgerte uns mehr, als Kenner die Maulschelle im Cid geärgert hat. Erlauben Sie mir also, wenn ich dieser Herren etwa einmal gegen Sie erwähnen sollte, daß ich den einen den – – schen, und den andern den – – schen oratorem sine grammatica nennen darf – – Nun habe ich Zeit zu schließen, wenn ich meinen gehorsamen Diener noch ohne Abkürzung herbringen will. Ich bin etc.

Sechster Brief

An ebendenselben

Es ist mir lieb, daß Sie sich auf die Nachricht, die ich Ihnen von dem so genannten Hurenkriege geben werde, freuen. Es ist unwidersprechlich, daß seine Seltenheit außerordentlich ist, und daß man nichts davon weiß, als das wenige, was Matthesius davon sagt. Lemnius drohte am Ende seiner Apologie im Voraus damit, und versprach die Greuel des wollüstigen Wittenbergs auf das schrecklichste darinne aufzudecken. Er versicherte, daß er sehr wohl davon unterrichtet wäre, weil er Zeit seines Aufenthalts in Wittenberg, vielen Gesellschaften beigewohnet, in welchen er von dem und jenem dieses und jenes Hausgeheimnis erfahren hätte. Allein mit diesem Bekenntnisse hat er sich Schaden getan, weil wahrhaftig das Geschwätze akademischer Wüstlinge, welches ohne Zweifel seine Gesellschafter waren, eine schlechte Quelle der Wahrheit ist. Doch was bekümmerte er sich um die Wahrheit? Er suchte bloß seine Widersacher verhaßt zu machen, und ihnen Schimpf und Schande in einem weit reichlichern Maße, als er von ihnen bekommen hatte, wieder zuzumessen. Ich räume es Ihnen ein, daß er großmütig würde gehandelt haben, wann er sich nicht zu rächen gesucht, sondern, in seine eigne Tugend eingehüllt, die Rechtfertigung der Nachwelt erwartet hätte. Doch wie vielen ist es gegeben so großmütig zu handeln? Und gehören die Dichter unter diese wenigen? Selbst Horaz, der sich gelassene Horaz, sagt: Dem sei der Himmel gnädig, der mich angreift!

> Flebit, et insignis tota cantabitur Urbe.

Ein jeder wehrt sich womit er kann; der Wolf mit den Zähnen; der Ochse mit den Hörnern: und die Natur selbst lehrt es sie. Der erzürnte Cervius droht mit Gesetz und Urteln, und die feindselige Candia mit Gift:

> Ut, quo quis valeat, suspectos terreat.

Soll der arme Dichter nur allein seine Waffen nicht brauchen? Und sind die mit Geißeln bewaffneten Satyrs, die ihnen Apoll zur Bedeckung gegeben, nicht das einzige, was sie noch ein wenig in Ansehen erhält? Noch besser würde es um sie stehen, wann das Lykambische Gehemnis nicht verloren gegangen wäre, einen Feind durch Stichelreden so weit zu treiben, daß er aus Verzweiflung zum Stricke greifen muß. Ha! Ha! Meine Herrn Toren, ich wollte alsdann den Wald sehen, in welchem nicht ein jeder Baum, wenigstens einen von Ihnen hätte reif werden lassen!

> – – – – In malos asperrimus
> Parata tollo cornua:

dachte also auch Lemnius, und wer weiß ob wir nicht auch beide eben so gedacht hätten? Lassen Sie uns auf keine Tugend stolz tun, die wir noch nicht haben zeigen können. Ein beleidigter Mensch ist ein Mensch; und ein beleidigter Poet ist es gedoppelt. Die Rache ist süße, und Sie sollen es gleich an einem kleinen Exempel sehen. Ich will hier meinen Brief schließen, und Sie noch acht Tage auf mein Anekdoton warten lassen. Und warum? – – Hat uns doch ihre Mademoisell Schwester schon dreimal acht Tage vergebens auf ihren Besuch warten lassen. Aber, werden Sie sagen, was geht mich meine Schwester an? – – Aber hören Sie es denn nicht, daß ich mich rächen will? Leben Sie wohl!

Siebender Brief

An ebendenselben

Sehen Sie, mein Herr, daß Sie noch rachgieriger sind als ich? Ich wollte nichts als eine Verzögrung mit der andern vergelten; Sie aber bestrafen meine Neckerei durch die boshafteste Auslegung, die nur kann erdacht werden. Ich lasse Sie auf meinen Hurenkrieg warten, weil uns Ihre Jungfer Schwester auf ihren Besuch warten läßt. Ein artig Kompliment! setzen Sie hinzu; und Sie haben recht. So geht es einem Pedanten, wenn er galant tun will. Aber wo Sie diese Anmerkung nicht bei sich behalten haben, und wo Sie mich noch weiblichen Spöttereien deswegen aussetzen; so sehen Sie sich vor! Doch vielleicht drohen Sie mir nur, um einem längern Aufschube vorzubauen, und Ihre schon beleidigte Neubegierde vor fernern Beleidigungen zu sichern. Wenn das ist, so mag es sein. Es wird mir ohnedem zur Last, eine besondre Nachricht länger alleine zu wissen, und Sie würden sie nunmehr lesen müssen, wenn Sie auch keine Lust dazu hätten – – Unser Hurenkrieg also ist eine kleine Schrift in Oktav auf drei Bogen, und hat folgende Aufschrift: Lutii Pisaei Juvenalis Monachopornomachia. Wo und wann sie gedruckt worden, finde ich anders nicht, als mit den Worten: Datum ex Achaia Olympiade nona, welche gleichfalls auf dem Titel stehen, angemerkt. Schon hieraus sehen Sie, daß sie Matthesius selbst vielleicht nicht gesehen hat, weil er sie schlechtweg den *Hurenkrieg* nennet, anstatt daß er sie den *Mönchshurenkrieg* hätte nennen sollen. Diese Aufschrift, sollte ich meinen, und der Zusatz des Matthesius, daß es eine Schandschrift wider den heiligen Ehestand, und besonders wider die Ehe der Priester sei, wird Ihnen den Inhalt ungefähr erraten lassen; eben wie Sie aus der Erbitterung des Lemnius, ungefähr auf den Ton und den Ausdruck werden schließen können. Schon die Zueignung, welche an Luthern gerichtet ist, könnte schwerlich giftiger sein: Ad celeberrimum, et famosissimum Dominum, Dominum Doctorem Lutherum, sacrarum ceremoniarum renovatorem, causarum forensium administratorem, Archiepiscopum Witebergensem, et totius Saxoniae Primatem, per Germaniam Prophetam. Den Vorwurf den er ihm hier unter andern wegen der gerichtlichen Angelegenheiten macht, in die er sich, anmaßlicher Weise, gemischt habe, diesen, sage ich, hat Lemnius in seiner Apologie nach seiner Art bewiesen, durch ein Paar schändliche Erzählungen nämlich, die mir das Zeichen der Erdichtung gleich an der Stirne zu tragen scheinen. In einer davon will er uns unter andern bereden, daß Luther durch eine gewisse sträfliche Hand lung zu dem bekannten Sprüchworte: *Hier liegt der Hund begraben*, Gelegenheit gegeben habe. Doch davon ein andermal, damit wir von der »Monachopornomachie« nicht zu weit abkommen. Ihnen in wenig Worten einen Begriff davon zu machen, muß ich sagen, daß sie eine Art einer Komödie ist;

ich sage eine Art, und noch dazu eine der allerschlechtesten Arten: oder sollte ich sie nicht vielmehr einen Mischmasch unzüchtiger Gespräche nennen, die ungefähr den Schein einer Verbindung haben? Die Personen, welche darinne aufgeführet werden, sind: Venus, die Liebesgötter, der Gott verbotner Ehen, Luther, Jonas, Spalatin, die Weiber dieser drei Männer, Catta, Elsa und Jutta, einige Freunde des Luthers, verschiedene Liebhaber der benannten drei Matronen und andre Nebenpersonen; wie es denn der Dichter auch nicht an ein paar Chören hat fehlen lassen. Die Handlung läuft ungefähr dahinaus: Anfangs sucht sich Luther von seiner Käthe, die er schon im Kloster unter Versprechung der Ehe, soll gebraucht haben, auf alle mögliche Art los zu machen. Doch da er eben am eifrigsten daran arbeitet, und schon im Begriff ist, eine andre zu heiraten, kömmt ihm seine alte Liebste aus dem Kloster über den Hals, und weiß ihn so feste zu fassen, daß er sie notwendig zur Frau nehmen muß. Als seine Freunde, Jonas und Spalatin dieses sehen, wollen sie ihn in der Schande nicht alleine stecken lassen, sondern nehmen ein jeder eine von den geistlichen Nymphen, welche Käthe aus ihrem Kloster mit gebracht hatte. Doch alle drei finden ihre Männer hernach ziemlich ohnmächtig, so daß sie sich notwendig auf auswärtige Kost befleißigen müssen. Hier findet Lemnius Gelegenheit die Frau des Spalatin fein mit dem Worte Spado spielen zu lassen, und durchaus solche Dinge anzubringen, welche Ärgernis und Ekel erwecken. Die kleinen Gedichte, welche an der Bildsäule des Priapus sollen gestanden haben, sind bei weiten nicht so schmutzig, und ungleich sinnreicher. Ich glaube nicht, daß Sie mir es zumuten, etwas daraus anzuführen: damit Sie aber doch nur einigermaßen urteilen können, so will ich Ihnen die Anrede an Luthern, welche gleich auf die oben angeführten Worte folgt, abschreiben. Wann sie Ihnen ihrer eignen Schönheiten wegen nicht gefallen will, so bedenken Sie nur, daß sie aus einer, mit dem Herrn Janotzky zu reden, ganz *entsetzlich raren Schrift* genommen ist, vielleicht gefällt sie Ihnen alsdann besser. Denn an dem raren, mein Gott! muß doch wohl etwas sein.

Ad Lutherum

Pacis pernities, et causa Luthere tumultus,
O et Saxonicae perfide Praeses aquae,
Qui regis indoctum fallax sine jure popellum,
Quique tuo clarurm crimine reddis opus,
Saxonicasque tenes urbes, et cogis ad arma,
Et tibi Leucorium subjicis ipse tuum,
Qui vacuos culpa damnas, solvisque nocentes,
Quique reos falsa judicis arte premis,

Persequerisque pios insigni fraude poetas,
Et qui castalias pellis ab urbe Deas;
Qui toties captos jugulasti mille colonos,
Et toties reparas horrida bella manu;
Cujus et auspiciis sudarunt sanguine fossae,
Et rubeos fluctus unda cruenta dedit,
Ac toties patriis arserunt ignibus arces,
Pertulit et tantum Teutonis ora malum!
Si tibi paulisper cessant convitia linguae,
Et vacat a cunno mentula forte tua,
Accipe non laeto precor haec mea carmina vultu.
Quosque dedit lusus Pieris ipsa lege.
Tristia cum dederint nostrae solatia Musae,
Et poterint versus displicuisse mei;
Tum meliora tibi, tum candida crimina nosces,
Incertusque leges pignora chara tua.

Ich will es einem neuen Cochläo überlassen, alle diese Vorwürfe durch nötige Erdichtungen, wann er keine wahrhafte Begebenheiten finden kann, zu unterstützen. Ich begnüge mich, Ihnen meinen Abscheu gegen solch lüderliches Zeug zu bezeigen, und zu versichern, daß dieses noch das allerzüchtigste ist, was ich aus den ganzen drei Bogen habe aussuchen können. Es ist aber auch nur der Anfang, von welchem man, in Ansehung des Endes, noch mit Recht sagen könnte:

Desinit in piscem mulier formosa superne.

Dieses Ende ist ein Chor von Babyloniern, und fängt sich folgender Gestalt an:

Lusus, delitias, Cupidinesque
Et cunnos dedimus, vale Luthere,
Appelles aliter licet Luthere.
Refert nempe parum, nihilque refert,
Seu dicas veteris dies Priapi,
Seu festum vocites tibi Lupercal,
Seu floralia, quae semel Catoni
Olim visa fuere - - -

Doch ich komme wieder in das Abschreiben, und bedenke nicht, mit was für Niederträchtigkeiten ich mir diese Mühe gebe; ich habe nur immer bloß ihre Seltenheit vor Augen. Kurz vor dieser Stelle wird noch ein gewisser Valens von Bibra, als der Liebhaber der Käthe, eingeführt. Ich vermute, daß er ein Tischgenosse wenigstens ein Hausgenosse des Luthers gewesen ist, von welchen, wenn ich nicht irre, Götze eine historische Dissertation geschrieben hat. Ich habe sie zwar vor langer Zeit einmal gelesen, ich kann mich aber nicht besinnen, diesen Namen darinne bemerkt zu haben. Ei! Ei! Wie wird die gute Käthe geschimpft haben! Man sagt ihr ohnedem nach, daß sie ein wenig stolz und unleidlich gewesen sei. Und wenn – – – Eben jetzt überfällt mich unser gemeinschaftlicher Freund, Herr B**. Die Freude über einen so seltnen Besuch macht, daß ich nicht einmal den angefangenen Perioden ausschreiben kann. Ich habe alles vergessen. Trösten Sie sich nur; es wird nicht viel besonders gewesen sein. Wir empfehlen uns beide Ihrer Freundschaft. O wie wollen wir schwatzen! Leben Sie wohl. Ich bin etc.

Achter Brief

An ebendenselben

Sie hatten Ihrem letzten Briefe des Herrn Walchs Geschichte der »Catharina von Bora« beigelegt; und ich merke gar wohl, warum? Der Schluß meines vorigen Schreibens ist Ihnen anstößig gewesen, und Sie haben das Andenken dieser rechtschaffnen Frau bei mir nicht besser zu retten gewußt. Ob Sie es nun gleich nicht nötig gehabt hätten, so muß ich Ihnen doch für die Mitteilung dieses Werks den verbindlichsten Dank abstatten, weil ich kein gemeines Vergnügen dabei gefunden habe. Und notwendig muß es allen denjenigen sehr angenehm sein, welche auch Kleinigkeiten und häusliche Umstände von großen Männern zu wissen begierig sind, weil diese auf ihren Charakter oft ein größeres Licht werfen, als alles das, was sie vor den Augen der Welt verrichtet haben. Luther aber, welches Bekenntnis ich Ihnen schon mehr als einmal getan, gehört in der Tat unter die großen Männer, man mag ihn auf einer Seite betrachten auf welcher man will; und das Leben seiner Frau beschreiben, heißt ihn auf derjenigen Seite bekannt machen, auf der ihn wenige kennen, und welche auch bei den größten Helden gemeiniglich die schwächste ist. Wären alle die Beschuldigungen wahr, welche seine Feinde der Catharina von Bora machen, so müßte die Liebe über Luthern allzuviele und allzuschimpfliche Macht gehabt haben, wann er das lüderlichste Weibsbild so zärtlich geliebt hätte, als er in der Tat seine Frau geliebt hat. Wegen ihrer Herrschsucht ist ihr Gedächtnis am meisten angefeindet worden, und ich selbst kann sie noch nicht recht davon frei sprechen, ob ich gleich bekenne, daß Herr Walch alles gesagt hat, was man nur immer zu ihrer Rettung sagen kann. Er hat vieles beantwortet; ein Zeugnis aber hat er gleichwohl nicht beantwortet, vielleicht weil es ihm nicht bekannt gewesen. Dieses Zeugnis schreibt sich von einem Manne her, welcher unter die Feinde unsers Luthers nicht gehört, von dem Henricus Stephanus nämlich, unter dessen Gedichten man ein Eprigramm findet, von welchem ich allezeit geglaubt habe, daß es eine kleine Verspottung des unter der Herrschaft seiner Frau stehenden Reformators sein solle. Ich wollte wünschen, daß es ihm bekannt gewesen wäre, um zu erfahren, was man darauf antworten könne. Vielleicht fällt Ihnen, mein Herr, eine Antwort ein; Ihnen, dessen Einbildungskraft immer gegenwärtig ist. Hier haben Sie es:

De Cornelio

Uxorem vocat *Dominam* Cornelis, illa
Increpat ut famulum, verberat ut famulum.

Obsignat sic verba sui *Katharina* mariti.
Nec vanum titulum quem gerit, esse docet,
Sed contra, ejus habent haec quantum *verbera pondus,*
Tantum verba sui pondus habere viri.

Ich dringe hier auf dreierlei. *Erstlich* ist es bekannt, daß Luther seine Frau nicht nur seine Dominam, sondern wohl gar im Scherze seinen Dominum genennet hat. Zweitens, hätte Stephanus nicht die Catharina von Bora im Sinne gehabt, so wüßte ich nicht, warum er gleichwohl diesen Namen gebrauchte, da er sonst durchgängig in seinen Sinnschriften lateinische Namen, und sonderlich die Namen des Martials braucht. *Drittens:* auf wen kann der Schluß: »so viel Nachdruck die Schläge der Frau hatten, so viel Nachdruck hatten die Worte des Mannes,« besser gedeutet werden, als auf Luthern, den durchdringenden Redner? Wann Sie, mein Herr, auf diese drei Punkte etwas zu antworten wissen, so tun Sie es bei Zeiten; denn wahrhaftig ich bin es nunmehr bald satt, Ihnen von nichts als von Luthern, und von Dingen die Luthern angehen, zu schreiben. Meine Nachricht von Lemnius können Sie in Ihrem Werke nach Belieben brauchen, aber es versteht sich, ohne mich zu nennen. Die Lücken derselben zu füllen, dürfen Sie nur nachschlagen, was außer den angeführten Schriftstellern, Simmler, Crusius in dem Leben des Sabinus, Camerarirus in dem Leben des Melanchthons, Wimmerus in dem Leben des Pontanus, und was Borrichius von ihm haben. Ich bin etc. W** 1752.

Neunter Brief

An den Herrn G.

Ich habe die gekrönte Rede des Herrn Rousseau gelesen. Ich finde sehr viel erhabne Gesinnungen darinne, und eine männliche Beredsamkeit. Die Waffen, mit welchen er die Künste und Wissenschaften bestürmet, sind zwar nicht allezeit die stärksten: gleichwohl weiß ich nicht, was man für eine heimliche Ehrfurcht für einen Mann empfindet, welcher der Tugend, gegen alle gebilligte Vorurteile das Wort redet, auch sogar alsdann, wenn er zu weit gehet. Man könnte verschiednes gegen ihn einwenden. Man könnte sagen, daß die Aufnahme der Wissenschaften und der Verfall der Sitten und des Staats zwei Sachen sind, welche einander begleiten, ohne die Ursache und Wirkung von einander zu sein. Alles hat in der Welt seinen gewissen Zeitpunkt. Ein Staat wächset, bis er diesen erreicht hat; und so lange er wächset, wachsen auch Künste und Wissenschaften mit ihm. Stürzt er also, so stürzt er nicht deswegen, weil ihn diese untergraben; sondern weil nichts eines immerwährenden Wachstums fähig ist, und weil er nunmehr eben den Gipfel erreicht hatte, von welchem er mit einer ungleich größern Geschwindigkeit wieder abnehmen sollte, als er gestiegen war. Alle große Gebäude verfallen mit der Zeit, sie mögen mit Kunst und Zierraten, oder ohne Kunst und Zierraten gebaut sein. Es ist wahr, das witzige Athen ist hin; aber das tugendhafte Sparta, ist es nicht auch hin? – – Ferner könnte man sagen, wenn die kriegrischen Eigenschaften, durch die Gemeinmachung der Wissenschaften verschwinden, so ist es noch die Frage, ob wir es für ein Glück oder für ein Unglück zu halten haben? Sind wir deswegen auf der Welt, daß wir uns unter einander umbringen sollen? Und wenn ja den strengen Sitten die Künste und Wissenschaften nachteilig sind, so sind sie es nicht durch sich selbst, sondern durch diejenigen, welche sie mißbrauchen. Ist die Malerei deswegen zu verwerfen, weil sie der und jener Meister zu verführerischen Gegenständen anwendet? Ist die Dichtkunst deswegen nicht hochzuachten, weil einige Dichter ihre Harmonien durch Unkeuschheiten entheiligen? Die Künste sind das, wozu wir sie machen wollen. Es liegt nur an uns, wann sie uns schädlich sind – – Kurz, Herr Rousseau hat Unrecht; aber ich weiß keinen der es mit mehrerer Vernunft gehabt hätte. Ich bin etc. B**. 1751.

Zehnter Brief

An den Herrn D.

Sie haben sich an das Meisterstück des Virgils gemacht. Eher getraute ich mir eine zweite Äneis zu machen, als seine Georgica gut zu übersetzen. Ich getraue mir das erste nicht, sondern ich vergleiche nur Unmöglichkeiten mit Unmöglichkeiten. Wann Sie aber hieraus schließen, daß ich von Ihrer Arbeit nichts halte, so schließen Sie falsch. Schließen Sie vielmehr das Gegenteil aus den unzähligen Anmerkungen, die ich an den Rand Ihrer Übersetzung geschrieben habe. Ich will nicht sagen, daß ich nicht vielleicht ein gleiches würde getan haben, wenn sie auch ganz und gar nichts taugte. Allein ich würde es sparsamer; ich würde es in einem ganz andern Tone getan haben. Vielleicht wäre mir eben die Bosheit beigefallen, deren sich Hr. S. gegen den guten O** bediente. Dieser hatte ihm eine Ode zu beurteilen überschickt. Wissen Sie was Hr. S. tat? Die wenigen guten Stellen, die er darinne fand, strich er aus, und ersetzte sie mit andern, welche in das schlechte Ganze besser paßten – – Eine von meinen Anmerkungen muß ich noch in den Brief werfen, weil sie auf dem Rande nicht Platz hat. Wenn Virgil den Neptun anruft:

> Tuque o, cui prima frementem

Fudit equum magno tellus percussa tridenti,
Neptune etc.

So übersetzen Sie diese Zeilen, wie sie die meisten Kunstrichter übersetzt wissen wollen; prima tellus ist Ihnen Griechenland. Andre verstehen darunter die neuerschaffene Erde: andre das Ufer. Daß sich diese Herren insgesamt geirrt haben, wundert mich nicht; denn was fehlt ihnen öfter als Geschmack und Bekanntschaft mit den poetischen Schönheiten? Allein, daß Sie sich, mit ihnen, irren: das wundert mich. Ich finde hier nichts als die Versetzung der Beiwörter; eine den Dichtern sehr gewöhnliche Figur. Neptuno equum fudit prima tellus ist eben das, als wenn Virgil gesetzt hätte: tellus Neptuno primum fudit equum. Die Richtigkeit meiner Erklärung wird Ihnen vermutlich so gleich in die Augen fallen. Wollen Sie eine gleichlautende Stelle, die ich anstatt eines Beweises anführen kann, so besinne ich mich, daß Horaz irgendwo sagt:

Cum prorepserunt *primis* animalia *terris*,
Mutum et turpe pecus etc.

Verzeihen Sie es meiner Faulheit, daß sie Ihre Faulheit keiner Mühe überheben, und diesen Ort nicht genauer nachschlagen will. Ich bin etc. W**. 1752.

Eilfter Brief

An den Herrn D.

Ja; es ist wahr, was Ihnen unser Freund von einem weitläuftigen Gedichte über die Mehrheit der Welten, welches er, wie ich mich erinnere, vor länger als sechs Jahren bei mir gesehen, erzählt hat. Es war einer von meinen allerersten Versuchen in der Dichtkunst, den ich noch bis jetzt bloß aus der Absicht aufhebe, aus welcher andre einen Schuh oder Strumpf, den sie in der Kindheit getragen, aufzuheben pflegen. So schwach ich auch noch jetzt bin, so kann mir doch die Betrachtung, daß ich einmal noch schwächer gewesen, nicht anders als angenehm sein. Die neue Theorie des Whistons, und des Hugens Kosmotheoros, hatten damals meine Einbildungskraft mit Begriffen und Bildern erfüllt, die mir desto reizender schienen, je neuer sie waren. So viel sahe ich, daß sie einer poetischen Einkleidung fähiger, als irgend eine andre philosophische Materie sein müßten. Allein die Kunst sie zu bearbeiten, fehlte mir. Ich wußte nicht wie sich abstrakte Wahrheiten durch Erdichtungen sinnlich machen ließen, noch vielweniger wie man trocknen Betrachtungen das lachende Ansehen scherzhafter Einfälle geben könne. Ich reimte also meine Gedanken nach einer ziemlich mathematischen Methode; hier und da ein Gleichnis; hier und da eine kleine Ausschweifung; das war alles poetische, was ich dabei anbrachte. Urteilen Sie also, wie beschämt ich einige Zeit darauf ward, als ich die Gespräche des Herrn von Fontenelle in die Hände bekam, die ich vorher nur dem Namen nach gekannt hatte. Die Augen gingen mir auf einmal auf, und aus dem Leben, welches er, als ein prosaischer Schriftsteller, seinem Vortrage gegeben hatte, schloß ich auf dasjenige, welches ich, als ein angemaßter Dichter, dem meinigen hätte geben sollen. Mein stolzer Anfang war nunmehr dasjenige, was ich nicht mehr ohne eine bittre Spötterei über mich selbst ansehen konnte.

Ihr niedern Töne schweigt! Von Pracht und Glanz entzücket,
Sei ich zun Sternen jetzt mir und der Welt entrücket.
Ein dichtungswürdgrer Stoff, als Liebe Scherz und Wein,
Soll, voll von kühner Glut, des Liedes Inhalt sein.

Ei, dachte ich, du hast deiner *Entzückung*, deiner *kühnen Glut* vortrefflich viel Ehre gemacht! Unterdessen schien es doch, als wenn ich mein Unglück vorhergesehen hätte; denn ich schloß meinen Eingang:

Beherzter als Kolumb, tret ich den Luftweg an,

Wo leichter als zur See die Kühnheit scheitern kann.
Mag doch die Sinnlichkeit des frommen Frevels fluchen!
Genug, die scheitern schön, die scheiternd Welten suchen.

Der erste Gesang handelte von dem Betruge der Sinnen, und ich muß mir die Schmeichelei machen, daß ich noch jetzt verschiedenes davon ziemlich erträglich ausgedruckt, und mit eignen Gleichnissen unterstützt finde. Ich rechne dahin folgende Stelle, so viel matte Zeilen sie auch hat.

Das Auge, wann sein Netz der Sachen Abdruck rührt, etc.

Sie sehen wohl, daß ich es damals noch nicht wissen mußte, wenn ich es anders jetzo weiß, was die Gedanken zusammenziehen heißt. Ich will Ihnen noch eine Stelle hersetzen, und in diesem Geschmacke müssen Sie sich das übrige alles vorstellen. In dem zweiten Gesange komm ich beiläufig auf die Geschichte der Sternkunde:

Was in der jungen Welt, bei heller Nächte Stunden, etc.

In dem dritten Gesange, wo ich das Lächerliche des Ptolemäischen Weltbaues beschreiben wollte, fing ich meine Beschreibung also an:

Dich, Pöbel, ruf ich hier zu meinem Beistand an, etc.

Wird Ihnen nun bald die Lust vergehen, ein Ganzes sehen zu wollen, das aus so schlechten Teilen besteht? Doch Sie sollen es nunmehr, zu Ihrer Bestrafung sollen Sie es nunmehr sehen. Ja, um Sie recht zu martern, will ich es Ihnen selbst vorlesen. Wagen Sie es nur, und kommen Sie nach der Stadt. Doch wahrhaftig, Sie könnten meine Drohung für Ernst aufnehmen. Sie könnten wohl gar nunmehr noch einen Monat länger auf dem Lande bleiben. Um des Himmels willen, nein! Ich will Ihnen gern nichts vorlesen; ich will gern den Ruhm nicht verlieren, daß ich wenigstens diese Torheit eines Poeten weniger besitze. Kommen Sie nur. Ich bin etc. W** 1752.

Zwölfter Brief

An den Herrn A**

Endlich habe ich Ihnen gefolgt, und bin gestern in dem Nicolinischen Schauplatze gewesen. Es hat mir so wohl darinne gefallen, daß ich niemals wieder hinein kommen werde. Was für ein sinnreicher Mann ist Nicolini! Uns seine kleine Affen unter dem Namen Pantomimen aufzudringen! Ich bewundre ihn; und er ist es wert, daß er seine Absicht erreicht hat, da er sich auf eine so anlockende Art die Neugierigkeit und den läppischen Geschmack unsrer Zeiten zinsbar zu machen weiß. Ich glaubte vom Himmel zu fallen, als ich Männer vor seiner Bühne antraf, die ich sonst nicht anders als mit Ehrerbietung genennt habe. Und als ich Gesichter durch ein unanständiges Lachen sich verzerren sahe, von welchen ich geschworen hätte, daß sie Areopagiten zugehören müßten; wahrhaftig so schämte ich mich, weil sie sich nicht schämen wollten. Ich verkroch mich hinter einen großen Offizier, welcher vor mir stand, und sagte mehr als einmal:

Der kleine Narre spielt; die großen sehen zu.

Allein, ich sagte es ganz sachte, müssen Sie wissen; denn außer dem Offizier hatte ich noch einen bärtigen Husaren zum Nachbar. Und so gar eifrig bin ich für den guten Geschmack nicht, daß ich mir seinetwegen den Hals wollte brechen lassen. Sie aber, mein Herr, der Sie kein Husar sind, wissen Sie, daß Sie mit mir Händel bekommen werden, wann Sie nicht beikommendes Buch von einem Ende zum andern durchlesen? Calliachius wird Ihnen zeigen, daß die Pantomimen der Alten ganz andre Pantomimen waren. Bemerken Sie sonderlich die Stellen, welche ich angestrichen habe. Über diese wollen wir heute den ganzen Abend plaudern, wenn Sie nicht lieber wieder bei Ihren stummen Gesellschaftern sein wollen. »Stumm« werden Sie sagen. »Wenigstens ist es die kleine Nicolini nicht.« Sie haben recht: denn diese hat ihren Mund in den Augen. Ich bin etc. L** 1747.

Dreizehnter Brief

An den Herrn D**

Die Natur weiß nichts von dem verhaßten Unterscheide, den die Menschen unter sich fest gesetzt haben. Sie teilet die Eigenschaften des Herzens aus, ohne den Edeln und den Reichen vorzuziehen, und es scheinet sogar, als ob die natürlichen Empfindungen bei gemeinen Leuten stärker, als bei andern, wären. Gütige Natur, wie beneidenswürdig schadlos hältst du sie wegen der nichtigen Scheingüter, womit du die Kinder des Glücks abspeisest! Ein fühlbar Herz – – wie unschätzbar ist es! Es macht unser Glück, auch alsdann wann es unser Unglück zu machen scheinet – –

Was sind das für Betrachtungen, werden Sie sagen, und mit was für einem Briefe drohen Sie mir? Es sind Betrachtungen, welche ich heute bei Lesung einer englischen Monatsschrift gehabt habe, wo ich eine Erzählung fand, die mich auf eine zwar traurige, aber doch so angenehme Art rührte, daß ich mich wider unsre Freundschaft versündigen würde, wann ich Sie an diesen Rührungen nicht wollte Anteil nehmen lassen. Hören Sie also; meine Geschichte ist der Triumph der väterlichen Liebe und mein Held heißt Jacob Tomms –

Nichts kann eingeschränkter sein, als der Verstand dieses Mannes, und nichts erhabener als seine Empfindungen. Nicht lange bedacht! – – Und wenn mich alle Orakel für den Weisesten erkläret hätten; wäre es möglich, ich würde den Ruhm des Empfindsamsten mit Verlust aller meiner Weisheit dafür eintauschen. – – Jacob Tomms war arm; er empfand seine Armut vierfach härter; denn er hatte ein Weib und drei Kinder, die er mit Verkaufung weniger Gartenfrüchte kümmerlich erhielt. Er hatte mit einem reichen Manne einen kleinen Vergleich gemacht, welcher ihm wöchentlich eine gewisse Menge derselben aus seinem Garten zukommen ließ, und erst mit Ausgang der Woche das Geld von ihm verlangte – – Wie großmütig, ohne Zweifel, schien sich der reiche Mann zu sein! Einem ehrlichen Manne sieben ganzer Tage zu borgen! Wo es ihm nur nicht bald reuet, so viel gewagt zu haben – – Jacob Tomms hatte lange Zeit die vorgeschoßnen Früchte genau abgezahlt, als sein Weib und seine älteste Tochter plötzlich krank wurden. Dieser Zufall setzte ihn in die Unmöglichkeit seinem Vertrage nachzukommen, und am Ende der andern Woche sahe er sich in der Schuld einer unermäßlichen Summe von dreißig und einem halben Groschen stecken. Der Reiche glaubte seinem Ruine nahe zu sein, und voller Zorn begab er sich zu seinem Schuldner. Das erste war, daß er ihm ferner die nötigen Früchte, zu Fortsetzung seines kleinen Handels, vorzuschießen versagte. Das andre, daß er ihm einen Befehl zeigte, ihn in Verhaft nehmen zu lassen, wann er ihn nicht auf der Stelle, wegen der dreißig und einem halben Groschen befriedigte. Ungefähr mochte Tomms noch so viel haben, allein das war es auch alles, was er hatte. Er warf sich zu den Füßen des Reichen; Er stellte ihm vor, an diesen dreißig und einem halben Groschen hange seines Weibes und seiner Kinder Leben; er müsse seinen kleinen Kram damit unterhalten etc. Er erbot sich, alle Wochen sechs Groschen abzutragen. Er zeigte ihm sein Weib, und seine älteste Tochter, welche eben in der Hitze des Fiebers auf ein wenig Stroh lagen. Er zeigte ihm die zwei andern kleinen Kinder, denen er nicht einen Bissen Brod würde geben können. Umsonst, der Reiche blieb unbewegt – – Ihr seid alle Schelme, sagte er, wenn ihr Geld habt, so besauft ihr euch – – Ich will durchaus nicht länger warten – – In diesem Tone fuhr er eine Zeit lang fort, bis ein großmütiger Unwille in unserm Tomms endlich die Empfindung seines Unglücks unterdrückte. *Nu da!* sagte er, indem er aus allen Nähten seiner Taschen die kleine Schuld zusammensuchte. Der Reiche strich sie ein, und ging fort. Tomms verfolgte ihn mit einem Blicke, – – mit dem ein tugendhafter Arme meinen ärgsten Feind verfolge! Wüßte ich mich grausamer zu rächen? – – Kaum warf er seine Augen wieder auf sein unglückseliges Geschlecht, als er in Tränen zerfloß. Bald aber hemmte sie die stille und finstre Verzweiflung. Seine Frau verlangte einige Erquickung; seine Kinder verlangten Brod – – »Ihr sollt Brod haben, meine Kinder, sagte er; ihr sollt haben. Zwar wird es euerm Vater teuer zu stehen kommen.« – – Hier besann er sich, daß sich das Kirchspiel der Waisen annehme. Auf einmal war sein Entschluß gefaßt. Meine Kinder zu versorgen, dachte er, muß ich ihnen den Vater nehmen, der ihnen kein Brod mehr geben kann. Er begab sich in einen kleinen Verschlag neben der Stube, wo er seine Gartenfrüchte zu stehen hatte, fest entschlossen zu sterben. Einige Augenblicke hielt ihn die Betrachtung seiner Seligkeit zurück – – »Hätte ich doch nie von jenem Leben etwas gewußt! – – Wie leicht würde es mir werden, meinen Kindern Brod zu schaffen! Ich tue vielleicht nicht recht, aber kann ich besser tun?« – Er fing an zu beten und schloß in der Einfalt seines Herzens: »Lieber Gott, setze dich an meine Stelle; ich weiß, du würdest eben das tun.« – Mit diesen Gedanken bewaffnet legte er sich den Strick um den Hals; in den heftigen Bewegungen aber, die er dabei machte, hörte die Nachbarin die starken Stöße, die er gegen die Wand tat. Sie frühstückte gleich, und kam also mit dem Messer in der Hand herzugelaufen, in der Meinung es sei ihrer kranken Nachbarin etwas zu gestoßen. Sie fand diese Frau in der äußersten Unruhe wegen dieses Tumults, den sie gleichfalls gehört hatte; und als sie auf ihr Ersuchen in den Verschlag ging, sahe sie den unglücklichen Tomms, welcher vielleicht kaum noch einige Minuten zu leben hatte. Sie stürzte sich auf ihn zu, schnitt den Strick ab, und brachte ihn mit Hülfe der Kranken, welche auf ihr Geschrei herbei gekommen war, sterbend auf das Lager. Man ließ ihm zur Ader, und Tomms kam wieder zu sich. Doch die Scham über sein mißlungenes Unternehmen, und die Furcht des Vorwurfs hätten ihn gewiß in eine neue Verzweiflung gestürzt, wenn sich der Graf von G** welchem sein Bedienter diesen traurigen Zufall erzählt hatte, nicht in das Mittel geschlagen hätte. Er ließ unsern Tomms zu sich kommen; er verwies ihm auf eine leutselige Art sein Verbrechen, und setzte ihn in Umstände, in welchen seine natürliche Liebe eine so harte Probe niemals wieder wird aushalten dürfen – –

Ich will Ihr Gefühl durch keinen fremden Zusatz zerstreuen. Leben Sie wohl! Ich bin etc.

Vierzehnter Brief

An den Herrn F.

Wahrhaftig, mein Herr, Sie haben Lust mich zu versuchen, und mir einen übeln Streich zu spielen. Würden Sie wohl sonst von einem jungen Schriftsteller, der sich von Leipzigern und Schweizern umringt sieht, ein offenherziges Bekenntnis von dem Reime fordern? Welche soll ich vor den Kopf stoßen? Welcher Spöttereien soll ich mich aussetzen? Mit mindrer Gefahr kann ein heimlicher Anhänger des Prätendenten, mitten in London, seine wahren Gesinnungen gegen das jetzt regierende Haus verraten. – – Doch bei nahe fühlte ich mich geneigt, gegen diese Gefahr meine Augen zu verschließen, wenn ich nur wüßte, daß Sie reinen Mund halten könnten. Zwar bin ich wohl wunderlich. Zeuge ich nicht schon selbst wider mich? Ich, der ich mir noch nie einen reimlosen Vers habe abgewinnen können? ich, dem es schwerer fallen würde, den Reim überall zu vermeiden, als ihn zu suchen? Hören Sie also, was ungefähr meine Gedanken wären. Es scheint mir, daß diejenigen, welche gegen den Reim unerbittlich sind, sich vielleicht an ihm rächen wollen, weil er ihnen niemals hat zu Willen sein wollen. Ein kindisches Geklimper, nennen sie ihn mit einer verächtlichen Miene. Gleich als ob der kützelnde wiederkommende Schall, das einzige wäre, warum man ihn beibehalten solle. Rechnen sie das Vergnügen, welches aus der Betrachtung der glücklich überstiegnen Schwierigkeit entstehet, für nichts? Ist es kein Verdienst, sich von dem Reime nicht fortreißen zu lassen, sondern ihm, als ein geschickter Spieler den unglücklichen Würfen, durch geschickte Wendungen eine so notwendige Stelle anzuweisen, daß man glauben muß, unmöglich könne ein ander Wort anstatt seiner stehen? Zweifelt man aber an der Möglichkeit dieser Anwendung, so verrät man nichts, als seine Schwäche in der Sprache, und die Armut an glücklichen Veränderungen. Haller, Hagedorn, Gellert, Utz zeigen genugsam, daß man über den Reim herrschen, und ihm das vollkommene Ansehen der Natur geben könne. Die Schwierigkeit ist mehr ein Lob für ihn, als ein Grund ihn abzuschaffen. – – Und also, mein Herr, schließen Sie wohl, daß ich ganz und gar wider die reimlosen Dichter bin? Nein; sondern ich dringe nur auch hier auf eine republikanische Freiheit, die ich überall einführen würde, wenn ich könnte. Den Reim für ein notwendiges Stück der deutschen Dichtkunst halten, heißt einen sehr gotischen Geschmack verraten. Leugnen aber, daß die Reime oft eine dem Dichter und Leser vorteilhafte Schönheit sein können, und es aus keinem andern Grunde leugnen, als weil die Griechen und Römer sich ihrer nicht bedient haben, heißt das Beispiel der Alten mißbrauchen. Man lasse einem Dichter die Wahl. Ist sein Feuer anhaltend genug, daß es unter den Schwierigkeiten des Reims nicht erstückt, so reime er. Verliert sich die Hitze seines Geistes, während der

Ausarbeitung, so reime er nicht. Es gibt Dichter, welche ihre Stärke viel zu lebhaft fühlen, als daß sie sich der mühsamen Kunst unterwerfen sollten, und diese offendit limae labor et mora. Ihre Werke sind Ausbrüche des sie treibenden Gottes, quos nec multa dies nec multa litura coërcuit. Es gibt andre welche Horaz sanos nennt, und welche nur allzuviel Demokrite unsrer Zeit Helicone excludunt. Sie wissen sich nicht in den Grad der Begeistrung zu setzen, welcher jenen eigen ist; sie wissen sich aber in demjenigen länger zu erhalten, in welchem sie einmal sind. Durch Genauigkeit und immer gleiche mäßige Lebhaftigkeit ersetzen sie die blendenden Schönheiten eines auffahrenden Feuers, welche oft nichts als eine unfruchtbare Bewundrung erwecken. Es ist schwer zu sagen, welche den Vorzug verdienen. Sie sind beide groß, und beide unterscheiden sich unendlich von den mittelmäßigen Köpfen, welchen weder die Reime eine Gelegenheit zur fleißigern Ausarbeitung, noch die abgeschafften Reime eine Gelegenheit desto feuriger zu bleiben sind. – – Was meinen Sie, sollte ich wohl Recht haben? Es wird mir lieb sein, wenn Sie ja! sagen; und ich werde es nicht ungerne sehen, wenn Sie nein! sprechen. Denn nichts kann mir an einem Freunde angenehmer sein, als verschiedne Meinungen in gleichgültigen Sachen. Leben Sie wohl. Ich bin etc.

Funfzehnter Brief

An ebendenselben

So, mein Herr? Fragten Sie mich nur deswegen was ich von dem Reime halte, um mich hernach mit desto größerer Dreustigkeit fragen zu können, was ich von dem »Messias« des Herrn Klopstocks halte? Überhaupt, scheinen Sie mir es schon zu wissen, daß ich mit unter seine Bewunderer gehöre; weil Sie sonst schwerlich Ihre Frage in den Worten des Horaz:

Age, quaeso,
Tu nihil in magno doctus reprehendis Homero?

würden ausgedrückt haben. Aber aus eben den Worten sehe ich auch, daß Sie gern etwas mehr als meinen Beifall hören möchten. Sie wollen so etwas, das einer Kritik nicht ungleich ist. Nicht wahr? Vor acht Tagen würde ich schlechthin geantwortet haben: damit vermenge ich mich nicht. Ich bin Zeit meines Lebens keinem Dinge gramer gewesen, als den Kritiken über Gedichte. Vielleicht, weil ich sie mehr zu besorgen hatte, als andre? Das kann sein. Aber, wie gesagt, vor acht Tagen ungefähr hat mich ein Geist getrieben, welcher ohnfehlbar nicht der beste sein mochte. Er trieb mich, Gedanken auf das Papier zu werfen, die mir schon mehr als einmal in den Kopf gekommen waren. Und diese Gedanken betrafen eben das, weswegen Sie mich jetzo fragen; gleich als wenn ich es voraus gewußt hätte, daß sie mir einmal den Verdruß, einem Freunde etwas abzuschlagen, ersparen würden. Noch liegen sie in dem Konzepte unter hundert Strichen und eben so viel Klecksen begraben. Sie Ihnen also mitzuteilen, muß ich sie notwendig abschreiben, und damit ich sie gewiß abschreibe, so will ich es gleich jetzo tun. Aber Geduld, mein Herr, Geduld werden Sie und ich nötig haben. – – Ich will nur meine Feder erst abküpsen, und alsdenn gleich anfangen.

Über das Heldengedicht der Messias

»Hat der ›Messias‹ die witzigen Köpfe und ihre Richter wirklich getrennt, oder ward er nur der Probierstein, welcher diejenigen, die diese Benennung verdienen, von denen unterscheiden mußte, die widerrechtlich in dem schmeichelhaften Besitze derselben sind? Können unter seinen Tadlern Leute von dem feinsten Geschmacke sein, so wohl als deren unter seinen Bewundrern sind? Oder verraten jene unumgänglich einen Geist, in der Bildung verdorben, das erhabne Schöne zu empfinden, so unumgänglich als diese von ihren eignen Fähigkeiten ein sicheres Zeugnis ablegen? – – Wenn man mir diese Frage zuverlässig entscheiden wollte, so könnte ich mich in dem folgenden darnach richten.

Die Klopstockianer wenigstens haben alles getan, was man von ihnen fordern kann. Die Klopstockianer? – – Warum nicht? Man gönne einem Dichter vom ersten Range die Ehre, die nur zu oft ein sehr mittelmäßiger Weltweise erhält. – – Sie haben die Schönheiten des ›Messias‹ aus einander gesetzt; sie haben die Gründe ihrer Bewundrung angezeigt. Der Herr Prof. Meier hat das Wort geführt; der Verfasser der Ästhetik; der geschickteste von Schönheiten, die man nicht empfindet, zu beweisen, daß man sie empfinden solle.

Das Gegenteil hat auch das Seinige getan. Es hat geschimpft. Man sollte schwören, die Schweizerschen Kunstrichter wären von dieser Partei. Man irrt sich; denn diesesmal sind sie bei sich überzeugt, daß sie Recht haben. Nach und nach hatten es die berühmten Professores G** und T** von ihnen gelernt; und wie man gesehen, recht glücklich. Der gemeine Soldat, der die meisten Prügel bekommen hat, wird der Korporal der die meisten Prügel gibt. Ich glaube aber doch, daß diese wackre Männer, nicht deswegen auf den ›Messias‹ gelästert, weil sie gesehen, daß er vortrefflich sei, sondern weil sie sich der Mühe überheben wollten, zu beweisen, daß er es nicht sei. Ihr Schimpfen war, ohne Zweifel, die Folge aus Vordersätzen, die sie so überzeugend dachten, daß sie meineten, ein jeder müsse sie bei sich empfinden; die sie also verschwiegen.

Ich habe einen Einfall bekommen, der – – vielleicht nicht viel taugt. Ich will einige Gedanken auf das Papier werfen, die ich die Feinde der Klopstockischen Muse nicht mißzudeuten bitte. Sie würden mir eine allzukützliche Ehre erzeigen, wenn sie mich unter ihre Zahl aufschreiben wollten. Ich bin von der Schönheit des ›Messias‹ so überzeugt, als sie es kaum von der Schönheit ihrer eignen Poesie sein können. Das selbst, was ich daran aussetzen will, soll es ihnen beweisen.

Das ist wunderlich, wird man denken. So gar wunderlich nicht. Es gibt eine Art des Tadels, welche dem Getadelten Ehre macht. Man tadelt den Hannibal, daß er nicht Rom belagert. Welchem geringern Feldherrn von allen, die jemals an der Spitze römischer Feinde gewesen sind, macht man diesen Vorwurf? Keinem. Der einzige Hannibal war so weit gekommen, daß er es tun konnte, und nicht tat. Wie viel Siege mußte er vorher erstritten, durch welchen Mut, durch welche Klugheit, durch welche Schnelligkeit im Entschließen mußte er sich in das Recht gesetzt haben, zu desto größern Taten Hoffnung zu machen, je größere er verrichtete, ehe man ihm den über alle Lobsprüche steigenden Tadel machen konnte: und er hat nicht Rom belagert? Man schätzet jeden nach seinen Kräften. Einen elenden Dichter tadelt man gar nicht; mit einem mittelmäßigen verfährt man gelinde; gegen einen großen ist man unerbittlich. Bleibt sich dieser nicht allezeit gleich, entwischt ihm hier und da eine matte Zeile: diese matte Zeile, welche die Zierde eines mittelmäßigen Dichters sein könnte, wird unerträglich: so wie man jeden guten Einfall, den man bei einem gemeinen Kopfe findet, betauert, daß er nicht in einem der Ewigkeit gewidmeten Werke stehet, ob er gleich noch um ein großes ausgeputzt werden müßte, ehe er darinne glänzen könnte.

Sic mihi, qui multum cessat, fit Choerilus ille,
Quem bis terque bonum cum risu miror: et idem
Indignor, quandoque bonus dormitat Homerus.

Horaz

Es ist eben dieselbe Zärtlichkeit des Geistes, welche die Schönheit einer Sache fühlet, und welche die Mängel derselben empfindet. Tadeln und loben, was zu tadeln und zu loben ist, muß also gleich rühmlich sein. Man tue nur beides mit Geschmack. Ich habe oft Kenner Meisterstücke der Bildhauerkunst und Malerei betrachten sehen. Ihr Urteil fing sich mit einer stillen Bewundrung an, und endlich glaubten sie es nicht besser beweisen zu können, daß sie alle Vollkommenheiten des Gegenstandes empfänden, als wenn sie dasjenige anzeigten, was dabei weniger zu bewundern sei. Ihr *Aber* war schmeichelhafter, als alle Ausrufungen des Pöbels, der sich von dem Erstaunen hinreißen ließ.

Jetzo sehe ich es erst, daß mein Eingang ziemlich weitläuftig ist. Kaum könnte er größer sein, wenn ich auch eine Kritik über den ganzen Messias, über die Gesänge welche schon gedruckt sind, und über die welche noch folgen könnten, vorhätte. Wird er also nicht für die ersten zwanzig Zeilen zu lang sein?

Ich muß mich erklären, warum ich eben diese gewählt habe. Ich sahe es ein, und wer sieht es nicht ein? daß das Gedichte fertig sein müßte, wenn man von der Ökonomie desselben urteilen wollte. Noch ist der Dichter mitten in dem Labyrinthe. Man muß es erwarten, wie er sich heraus findet, ehe man von der Handlung, von ihrer Einheit, von ihrer Vollständigkeit, von ihrer Dauer, von der Verwicklung und Entwicklung, von den Episoden, von den Sitten, von den Maschinen, und von zwanzig andern Sachen etwas sagen kann. Alles, was sich bis jetzt beurteilen läßt, sind die Schönheiten der Teile, von welchen man nur hofft, daß sie ein schönes Ganze ausmachen werden; von den Ausdrücken, von den Beschreibungen, von den Vergleichungen, von den eingestreuten Gesinnungen etc.

Gleichwohl fiel es mir ein, daß ich aus den Beispielen des Homers und Virgils bemerkt zu haben glaubte, ein Heldendichter pflege in dem Eingange seines Gedichts die ganze Einrichtung desselben nicht undeutlich zu verraten. Wenn zum Exempel Maro anhebt:

Arma virumque cano, Trojae qui primus ab oris,
Italiam, fato profugus, Lavinaque venit
Littora: multum ille et terris jactatus et alto
Vi superum, saevae memorem Junonis ob iram,
Multa quoque et bello passus, dum conderet urbem,
Inferretque Deos Latio: genus unde Latinum,
Albanique patres atque altae moenia Romae.

So glaubte ich nicht allein den Held, virum, Trojae qui primus ab oris Italiam venit;
seinen Charakter inferretque Deos Latio, als den frommen Äneas; die vornehmsten
Maschinen, Fatum, vis superum, Junonis ira; sondern auch die beiden Teile der ganzen
Äneide darinne gefunden zu haben, den ersten multum ille et terris jactatus et alto,
den zweiten multa quoque et bello passus. Es gefiel mir also, den Eingang des Messias
vorzunehmen. Ich wußte, daß die Geschichte zu heilig sei, als daß der Dichter den
geringsten wesentlichen Umstand ändern dürfte; ich schmeichelte mir also desto eher
etwas daraus zu erraten. Ich fing an zu zergliedern; jeden Gedanken insbesondre, und
einen gegen den andern zu betrachten. Nach und nach verlor ich meinen Zweck aus
den Augen, weil sich mir andre Anmerkungen anboten, die ich vorher nicht gemacht
hatte. Hier sind die vornehmsten davon.

Singe unsterbliche Seele der sündigen Menschen Erlösung,
Die der Messias auf Erden in seiner Menschheit vollendet,
Und durch die er Adams Geschlechte die Liebe der Gottheit
Mit dem Blute des heiligen Bundes von neuen geschenkt hat.
Also geschahe des Ewigen Wille. Vergebens erhub sich
Satan wider den göttlichen Sohn; umsonst stand Judäa
Wider ihn auf: er tats und vollbrachte die große Versöhnung.
Aber, o Werk, das nur Gott allgegenwärtig erkennet,
Darf sich die Dichtkunst auch wohl aus dunkler Ferne dir nähern?
Weihe sie, Geist Schöpfer, vor dem ich im Stillen hier bete.
Führe sie mir, als deine Nachahmerin, voller Entzückung,
Voll unsterblicher Kraft, in verklärter Schönheit entgegen.
Rüste sie mit jener tiefsinnigen einsamen Weisheit,
Mit der du, forschender Geist, die Tiefen Gottes durchschauest:
Also werde ich durch sie Licht und Offenbarungen sehen,
Und die Erlösung des großen Messias würdig besingen.

Man weiß, daß der Eingang eines Heldengedichts aus dem Inhalte und aus der Anrufung besteht. Die oben angeführte Stelle des Virgils ist der Inhalt, die vier darauf folgenden Verse sind die Anrufung. Also auch hier. Der Inhalt geht bis auf, *und vollbrachte die große Versöhnung*; das übrige ist die Anrufung an den Geist Gottes. Virgil sagt: *ich singe die Waffen und den Held*; Klopstock sagt: *singe unsterbliche Seele.* Nichts tut man lieber und gewisser, als das was man sich selbst befohlen hat. Ich weiß also nicht, wie der Herr Professor Meier hat sagen können: Er ruft nicht etwa eine heidnische Muse an, sondern er befiehlt, auf eine ganz neue Art, seiner unsterblichen Seele zu singen. Nicht zu gedenken, daß der Herr Professor den Inhalt und die Anrufung offenbar hier verwechselt, und daß es eine greuliche Torheit würde gewesen sein, wenn Klopstock eine heidnische Muse hätte anrufen wollen; will ich nur sagen, daß alles neue, was in dieser Stelle zu finden ist, in einer grammatikalischen Figur bestehet, nach welcher der Dichter das, was andre im Indicativo sagen, in dem an sich selbst gerichteten Imperativo sagt. Der Sänger des Messias hat überflüssige Schönheiten, als daß man ihm welche andichten müsse, die keine sind. Die erste Zeile würde also, wenn man sie in den gewöhnlichen Ausdruck übersetzt, heißen: *Ich unsterbliche Seele, singe der sündigen Menschen Erlösung.*

Diese Anmerkung ist eine Kleinigkeit, welche eigentlich den Herrn Prof. Meier betrifft. Ich komme auf eine andre – –«

Nun wahrhaftig, das heiß ich abschreiben. Erlauben Sie mir, daß ich hier ausruhen darf. Ich verspare den Rest zu meinen folgenden Briefen, in welchen ich vielleicht – – Doch ich will nichts versprechen. Es wird sich zeigen. Leben Sie wohl. Ich bin etc.

Sechzehnter Brief

An ebendenselben

Meine erste Anmerkung betraf ein falsch angebrachtes Lob des Herrn Meiers; und bei dieser blieb ich stehen. Ehe ich weiter gehe, will ich noch dieses hinzu setzen. Gesetzt dieser Kritiker hätte den Inhalt und die Anrufung nicht verwechselt; gesetzt Herr Klopstock rufe wirklich seine unsterbliche Seele an, wie ein andrer die Musen anruft: so würde auch alsdann in dieser Wendung nichts neues sein. Hat nicht schon Dante sein Genie angerufen?

O Muse, o alto 'ngegno, hor m'aiutate:
O Mente, che scrivesti cio ch' i' vidi;
Qui si parra la tua nobilitate.

Und was noch mehr ist; hat nicht einer der größten französischen Kunstrichter, Rapin, ihn deswegen getadelt? Wollen Sie aber sagen: ja hier ist mehr denn Rapin! hier ist Meier! so zucke ich die Achseln und gehe weiter.

Erste Fortsetzung

»Ich komme auf eine andre Anmerkung, welche die Bescheidenheit angehet, die nach der Vorschrift des Horaz in dem Eingange des Heldengedichts herrschen soll. Ich muß die Stelle des römischen Kunstrichters notwendig hersetzen.

Nec sic incipies ut scriptor Cyclicus olim
Fortunam Priami cantabo et nobile bellum.
Quid feret hic tanto dignum promissor hiatu?
Parturiunt montes, nescetur ridiculus mus.
Quanto rectius hic, qui nil molitur inepte!
Dic mihi, Musa, virum captae post tempora Trojae
Qui mores hominum multorum vidit et urbes.
Non fumum ex fulgore, sed ex fumo dare lucem
Cogitat, ut speciosa dehinc miracula promat.

Ich habe die Übersetzung des Herrn Prof. Gottscheds nicht bei der Hand, sonst wollte ich zeigen, wie sich Horaz im Deutschen hiervon ausgedrückt haben würde, wenn er

Gottsched gewesen wäre. – – Doch, man wird es hoffentlich ohne Übersetzung sehen, daß Horaz hier dem epischen Dichter den Rat gibt, nicht als ein Großsprecher anzufangen; nicht als jener kyklische Poet: *Ich will das Glück des Priamus und den edlen Krieg besingen;* sondern bescheiden wie der Dichter, der nichts verwegen unternimmt: *Sage mir, Muse, den Mann, der, nachdem Troja eingenommen worden, viele Städte und vieler Menschen Sitten gesehen hat.* Ich bin so kühn zu glauben, daß diese Stelle noch nie recht erkläret worden ist. So viel als ich Ausleger des Horaz nachgeschlagen habe, so viele wollen mich bereden, daß das Tadelhafte des kyklischen Poeten in den Worten liege. Vossius sagt, die Worte darinne wären sonantia, vasta, tumida und bringt zur Erläuterung den Anfang der Achilleis des Statius bei.

Magnanimum Aeacidam, formidatamque Tonanti
Progeniem canimus.

In dem ersten Verse, sagt er, ist ein sechsfaches A; er fängt sich mit drei viersylbigten Wörtern an, wovon das letzte durch das angehangene que noch länger wird; die Aussprache ist also beschwerlich. Wann Vossius Recht hat, so sage man mir, ob nicht Homer, er, den Horaz gleichwohl zum Muster anführt, in seiner Iliade in eben den Fehler gefallen ist?

Μηνιν αειδε θεα Πηληιαδεω Αχιληος
Ουλομενην

Das sechssylbigte Πηληιαδεω, das viersylbigte Αχιληος, das eben so lange Ουλομενην, der Imperativus αειδε, den schon der Sophiste Protagoras als als zu befehlerisch getadelt hatte, klingen in der Tat weit großsprecherischer, als:

Fortunam Priami cantabo et nobile bellum.

Hier ist kein sechssylbigtes Wort, nicht einmal ein viersylbigtes, hier ist kein *singe mir Muse!* Horaz müßte also, was er an der Odyssee gelobt hätte, an der Iliade getadelt haben, wenn er nicht an dem Verse des kyklischen Dichters ganz etwas anders aussetzte. Und was ist das?
    Der Eingang eines Heldengedichts, wie gesagt, bestehet aus dem Inhalte und aus der Anrufung. Man lasse uns nunmehr die Exempel der Griechen gegen die Exempel der Römer halten. Man wird einen Unterscheid antreffen, welcher so deutlich ist, daß ich mich wundre, wie ihn noch niemand[4] angemerkt hat. Die griechischen Heldendichter verbinden den Inhalt und die Anrufung; die römischen trennen sie.

Den Anfang der Iliade und der Odyssee habe ich schon angeführt. Dort heißt es: *Besinge mir, Göttin, den Zorn des Achilles etc.* Hier *Sage mir, Muse, den Mann etc.* Beidemal ist die Gottheit dem Dichter das erste. Er erkennet seine Schwäche. Er sagt nicht: ich will den und jenen Helden besingen; er untersteht sich nichts, als der Muse nachzusingen. Durch diesen einzigen Zug schildert er sich als einen bescheidenen Mann, als einen Mann, der sich der Gnade der Götter überlässet; zwei Stücke, welche ihm das Vertrauen der Leser erwecken, und den zu erzählenden Wundern einen Grad der Wahrscheinlichkeit geben, den sie nicht haben würden, wenn sie sich bloß auf ein menschliches Ansehen gründeten. Die weitläuftigen griechischen Dichter alle, sind dem Homer hierinne gefolgt. Aratus fängt an: Εκ Διος αρχωμεσθα; Apollonius Rhodius Αρχομενος σεο, Φοιβε – – – und mit diesem Gebete verbinden sie so gleich den Inhalt.

Νυμφαι Τρωιαδες, ποταμου Ξανθοιο γενεθλη
Εσπετε μοι usw.

singt Coluthus zu Anfange seines Raubes der Helena. Der zärtliche Musäus selbst, wenn er anhebt:

Ειπε, θεα, κρυφιων επιμαρτυρα λυχνον ερωτων
Και νυχιον πλωτηρα θαλασσοπορων ὑμεναιων usw.

Besinge mir, Göttin, die Fackel die Zeugin verborgener Liebe;
Den nächtlichen Schwimmer zum Feste des Ehegotts, jenseit dem Meere,
Die dunklen Umarmungen, unüberrascht von der Botin des Tages,
Besinge mir Sest und Abyd, wo sich Hero im Dunkeln vermählte etc.

vergißt diese heilige Gewohnheit nicht. Und, daß ich es kurz mache, die Unterlassung dieser Gewohnheit ist es offenbar, welche Horaz an dem kyklischen Poeten tadelt. Der Stoff seines Liedes war allzuwichtig, als daß man glauben konnte, er würde ihn ohne eine göttliche Begeisterung ausführen können. Anstatt *das Glück des Priamus und den edlen Krieg will ich singen;* hätte er also nach dem Beispiele des weisen Homers sagen sollen: *Singe, Muse, das Glück des Priamus und den edlen Krieg;* und alsdenn würde er dem Tadel des Römers entgangen sein. Es ist auch in der Tat besonders, mit einem stolzen *Ich* anzufangen, und alsdann die Musen anzurufen, nachdem man schon alles auf die eignen Hörner genommen hat. Das heißt anklopfen, wenn man die Türe schon aufgemacht hat.

Nach dieser Erklärung nun wird man ohnschwer erraten, was ich auch in Ansehung des Messias wünschte; daß Herr Klopstock nämlich dem Exempel des Homers gefolget wäre. Es würde ihm, als einem christlichen Dichter, um so viel anständiger gewesen sein, wenn der Anfang ein Gebet gewesen wäre; als daß er seiner Seele befiehlt ein Werk zu besingen, dem sie, so unsterblich sie ist, zu schwach ist, wenigstens ihm gewachsen zu sein, sich nicht rühmen muß. Es ist wahr, das demütigste und zugleich erhabenste Gebet folgt darauf; allein der kyklische Dichter wird die Anrufung der Musen gewiß auch nicht vergessen haben, und gleichwohl tadelt ihn Horaz.

Ich will mich nicht länger hierbei aufhalten. Mein ganzer Tadel ist vielleicht eine Grille, die sich, wie man sagen wird, auf nichts, als das Ansehen des Homers gründet. Wann nun aber Homer eben durch diese religiöse Bescheidenheit das Lob eines Dichters, qui nil molitur inepte verdienet hätte? – – Doch ich gehe wieder zurück anstatt weiter zu gehen. Was ich bisher gesagt, hat den Eingang des Messias überhaupt betroffen. Man erlaube, daß ich ihn nunmehr Zeile vor Zeile betrachte. – –«

Sie aber, mein Herr, werden mir hier wieder einen kleinen Ruhepunkt erlauben. Ich bin das Denken wenig gewohnt, aber das Abschreiben, ohne zu denken, noch weniger. Und was kann ich neues bei etwas denken, was ich schon durchgedacht zu haben glaube? Ich bin etc.

Siebzehnter Brief

An ebendenselben

Ich fühle mich heute zum Briefschreiben so wenig aufgelegt, daß Sie ganz gewiß, mein Herr, diesesmal keinen bekommen würden; wenn ich mich nicht zu allem Glücke besänne, daß ich ja nur abschreiben dürfte, um einen Brief fertig zu haben. Wenn es weiter nichts ist, so wollen wir wohl sehen. – –

Zweite Fortsetzung

Singe unsterbliche Seele der sündigen Menschen Erlösung.

»Über die Anrede habe ich mich schon erklärt. Man betrachte sie als eine bloße Anzeige dessen, was der Dichter tun will, oder als eine Aufmunterung an sich selbst, so muß ich beidemal fragen, warum er hier seine Seele, auf der Seite eines unsterblichen Wesens betrachtet? Ich weiß es, die Erlösung ist nichtig, wann unsere Seelen nicht unsterblich sind; der Stoff, den er sich gewählt, ist ein Stoff der ihm in die Ewigkeit nachfolgt; und aus diesen Gründen würde man das *unsterblich* vielleicht rechtfertigen können. Allein man sage mir, hat der Dichter hier nicht die Gelegenheit zu einer weit gemäßern, zu einer weit zärtlichern Vorstellung aus den Händen gelassen? Würde es nicht noch schöner gewesen sein, wenn er seine Seele, als diejenige angeredet hätte, welche selbst an der Erlösung der sündigen Menschen Teil hat? Hieraus würde eine Verbindlichkeit zu singen entstanden sein, die seinem Eingange eine durchaus neue und von keinem Dichter gebrauchte Wendung gegeben hätte. Ich weiß es, dieser Zug müßte mit einer Feinheit angebracht werden, deren nur eine Meisterhand fähig ist. Allein, wäre er der einzige gewesen, der von dieser Art in dem ewigen Gedichte glänzet? Wie viel der feinsten Anspielungen, welche durch ein einziges Wort ein Meer von Gedanken in der Seele zurücklassen, findet man nicht darinne? Man betrachte die Zeile wie sie ist, und überlege wie sie sein könnte. Sich selbst, oder seine Seele, schildert der Dichter auf ihrer prächtigsten Seite, auf der Seite der Unsterblichkeit; alle andere Menschen auf der allerelendesten, auf der Seite sündiger und verlorner Geschöpfe. Scheint sich der Dichter also nicht von ihnen auszuschließen? Hätte er einen gleichgültigern Eingang finden können, wenn er die Befreiung eines Volks, das bisher in dem Joche der Knechtschaft geseufzet, besungen hätte; eines Volks, wovon er kein Glied wäre? Ich bin ein Feind von Parodien, weil ich weiß, daß man das vortrefflichste dadurch lächerlich machen kann. Sonst wollte ich versuchen, ob man nicht einen untadelhaften

Eingang zu einem Heldengedicht auf die Befreiung, zum Exempel der Holländer, daraus machen könne. Beinahe hätte ich lieber Lust zu zeigen wie diese erste Zeile sein könne, wenn sie meine Kritik nicht treffen sollte. Doch auch dieses will ich unterlassen. Ein unglückliches Beispiel machet oft eine gegründete Anmerkung verdächtig.

Die der Messias auf Erden in seiner Menschheit vollendet,

Diese Zeile ist leer. Ein einziger Begriff ist unter verschiednen Ausdrücken dreimal darinne wiederholt. Liegen *auf Erden* und in *seiner Menschheit* nicht schon hinlänglich in dem Worte Messias? Wann anstatt *Messias* der Dichter *ewiger Sohn*, oder etwas gleichgeltendes, gesagt hätte, so würde das folgende notwendig sein. Es würde Umstände ausdrücken, die hier stehen müßten, und welche in dem Worte *ewiger Sohn* nicht liegen. Dieses, sollte ich meinen, ist klar. An dem folgenden Einwurfe wird vielleicht mein Katechismus Schuld haben. Er betrifft das Wort *vollendet*. Man hat mich gelehrt, zu der Erlösung der Menschen gehörten auch das Hinabsteigen zur Hölle und die Himmelfahrt Christi. Ist es aber auf Erden geschehen, daß er sich den Teufeln triumphierend gezeigt hat? Ist er *in seiner Menschheit* gen Himmel gefahren, oder in seiner verklärten Menschheit? Ich weiß also nicht, wie man sagen kann, Christus habe die Erlösung auf Erden in seiner Menschheit *vollendet*? Dieses ist die Stelle, aus welcher man am zuverlässigsten schließen könnte, wo die Handlung des Gedichts aufhören werde.

Und durch die er Adams Geschlechte die Liebe der Gottheit,
Mit dem Blute des heiligen Bundes von neuen geschenkt hat.

Im vorbeigehen will ich erinnern, daß der Ausdruck *das Blut des heiligen Bundes* zweideutig ist. Das Blut der Beschneidung war auch Blut eines heiligen Bundes. Was mir aber hier am besondersten vorkommt, ist die Liebe der Gottheit, welche der Messias durch das Blut des heiligen Bundes dem Geschlechte Adams *von neuen* geschenkt hat. Die Menschen hatten also die Liebe der Gottheit verloren? Gott haßte also die Menschen; und gleichwohl hatte er von Ewigkeit beschlossen, sie erlösen zu lassen? Ich will nicht hoffen, daß mein Einwurf die Sache selbst trifft; ich glaube vielmehr, der Dichter hätte einen behutsamern Ausdruck wählen sollen. Der gewählte, er mag symbolisch sein oder nicht, bringt auch den kurzsichtigsten Leser auf den unverdaulichsten Widerspruch. Das hieße das unveränderliche Wesen Gottes zu dem veränderlichsten machen, wenn man sagen dürfte: Gott könne einem Geschöpfe, das seine Liebe verloren, (man überlege den ganzen Umfang dieses Worts) das sie, sage ich, verloren habe, diese verlorne Liebe von neuen schenken. Was für niedrige Begriffe von Abwechselung Hasses und Liebe dichtete man dem sich selber ewig Gleichen an? Doch wie können die Menschen seine Liebe verloren haben, wann gleichwohl, wie der Dichter in der folgenden Zeile sagt, durch die Erlösung des Ewigen Wille geschehen ist? Kann der in des Königs Ungnade sein, den der König glücklich zu machen beschließt? Ich sehe ein Labyrinth hier vor mir, in das ich den Fuß lieber nicht setzen, als mich mit Mühe und Not heraus bringen lassen will.

Vergebens erhub sich
Satan wider den göttlichen Sohn; umsonst stand Judäa
Wider ihn auf: er tats, und vollbrachte die große Versöhnung.

Der Dichter sagt an einem andern Orte von Jerusalem, daß sie die Krone der hohen Erwählung *unwissend* hinweggeworfen. Hat das jüdische Volk also Jesum nicht für den, der er war, erkannt, wie es ihn denn würklich nicht erkannt hat, wie kann es wider ihn aufgestanden sein? Wie kann es ihn das große Werk auszuführen gehindert haben, von dem es nichts wußte? Alle Verfolgungen der Juden sind der Absicht Christi eher behülflich, als entgegen gewesen. Satan ist im gleichen Falle. Er kannte den Messias nicht; er hielt ihn für nichts als einen sterblichen Seher. Er wandte alles an, ihn zu töten, und Christus sollte uns zu erlösen getötet werden. Was für einen mächtigen Feind hat also der Messias an ihm zu überwinden gehabt? Wenn sich Satan der Kreuzigung Christi widersetzt hätte, so hätte der Dichter sagen können: *Umsonst; er tats und vollbrachte die große Versöhnung.*

Man übersehe nunmehr diesen ersten Teil des Einganges im Ganzen, und sage ob Hr. Klopstock seinen großen Plan glücklich ins Kurze zu ziehen gewußt hat.« – –

O wie froh bin ich, daß ich einen Absatz sehe! Wenn ich nunmehr den Bogen zusammen lege, ihn versiegle und die Aufschrift darauf setze, so ist ja der Brief fertig. Nicht? Doch noch eines würde fehlen, und da ist es: Leben Sie wohl! Ich bin etc. B**, den 20. Dezember 1751.

Achtzehnter Brief

An ebendenselben

Sie wundern sich über die Veränderung meines Aufenthalts, und beklagen sich über mein Stillschweigen. Der Grund von diesem liegt in jener; der Grund von jener aber in hundert kleinen Zufällen, die zu klein sind, als daß ich Sie mit Erzählung derselben martern wollte. So viel können Sie gewiß glauben, daß unsre Freundschaft nichts darunter leiden soll; und wie könnte sie auch? Freunden, welche einmal getrennt sein müssen, kann es gleich viel sein, welche Räume sie trennen, wann diese nur in Ansehung der Größe ungefähr eben dieselben bleiben. Machen Sie Ihre Wohnung zum Mittelpunkte, so werden Sie finden, daß ich bloß den Ort in der Peripherie geändert habe, welches in Ansehung ihrer so etwas kleines ist, daß ich mich nicht länger dabei aufhalten werde. Mein Stillschweigen wird sich auch vergessen lassen, wenn unser Briefwechsel nur erst wieder in den Gang kommt. Ich habe aber hierzu um so viel mehr Hoffnung, weil ich hier eben so viel zu tun habe, als Sie; das ist, auf der Gottes Welt nichts, ganz und gar nichts. – – Allein wie steht es mit der Kritik über den Messias? werden Sie fragen. Wo bleibt die Fortsetzung? – – Diese, glaube ich, wird wohl wegfallen. Meine Papiere sind in eine solche Unordnung geraten, daß ich die Zettel, worauf ich meine Gedanken geschrieben, schon ganze Tage vergebens gesucht habe. Lassen Sie aber sehen, ob ich mir nicht die vornehmsten wieder in das Gedächtnis bringen kann. – –

Ich war bis auf die Anrufung gekommen. Ich fand sehr außerordentliche Schönheiten darinne, und so viel ich mich erinnere, war mir nicht mehr, als eine einzige Stelle anstößig. Der Dichter bittet den forschenden Geist, die Dichtkunst mit jener tiefsinnigen einsamen Weisheit auszurüsten, mit der er die Tiefen Gottes durchschauet. Erstlich schien mir das Beiwort *forschend* sehr unwürdig, und mit dem Prädikate die *Tiefen Gottes durchschauen* in vollkommnem Widerspruche. Ich glaubte, wo ein *Durchschauen* Statt finde, höre das Forschen auf, und das Forschen selbst könne wohl von einem endlichen Wesen, nicht aber von dem Geiste Gottes gesagt werden. Zweitens, war ich mit der tiefsinnigen einsamen Weisheit, die eben diesem Geiste beigelegt wird, durchaus nicht zufrieden. Ich konnte mich nicht enthalten zu fragen, ob der Geist Gottes erst zu Winkel gehen müsse, wenn er nachdenken wolle? Ich gab mir selbst die Antwort, daß tiefsinnig und einsam gleichwohl das höchste wären, was man von der menschlichen Weisheit sagen könne, und daß wir von der göttlichen nicht anders als nach Beziehung auf jene reden könnten. Allein aus dieser Antwort, welches doch die einzige ist, die man wahrscheinlicher Weise vorbringen kann, schloß ich eine gänzliche Unbrauchbarkeit der wahren Dichtkunst bei gewissen geistigen Gegenständen, von welchen man sich nicht anders als die allerlautersten Begriffe machen sollte. Einem philosophischen Kopfe ist schon das anstößig, daß die Sprache für die Eigenschaften des selbstständigen Wesens keine besondre und ihnen eigentümliche Benennungen hat; wie viel anstößiger muß es ihm sein, wann der Dichter diese Armut zu einer Schönheit macht, und überall seine sinnliche Vorstellungen anzubringen sucht? Den Ausdruck *die Weisheit Gottes*, ist man schon gewohnt, und man kann ihn, so uneigentlich, so schwächend er auch ist, nicht entbehren; durch die Beiwörter *tiefsinnig* und *einsam* aber, wird er noch weit uneigentlicher, noch weit schwächender.

Dieser Anmerkung ungeachtet unterstand ich mich zu behaupten, daß wenn der Verfasser des Messias auch kein Dichter wäre, er doch ein Verteidiger unsrer Religion sein würde, und dieses weit mehr als alle Schriftsteller sogenannter *geretteter Offenbarungen oder untrüglicher Beweise*. Oft beweisen diese Herren durch ihre Beweise nichts, als daß sie das Beweisen hätten sollen bleiben lassen. Zu einer Zeit, da man das Christentum nur durch Spöttereien bestreitet, wer den ernsthafte Schlüsse übel verschwendet. Den bündigsten Schluß kann man zwar durch einen Einfall nicht widerlegen, aber man kann ihm den Weg zur Überzeugung abschneiden. Man setze Witz dem Witze, Scharfsinnigkeit der Scharfsinnigkeit entgegen. Sucht man die Religion verächtlich zu machen, so suche man auf der andern Seite, sie in alle dem Glanze vorzustellen, in welchem sie unsre Ehrfurcht verdienet. Dieses hat der Dichter getan. Das erhabenste Geheimnis weiß er auf einer Seite zu schildern, wo man gern seine Unbegreiflichkeit vergißt und sich in der Bewundrung verlieret. Er weiß in seinen Lesern den Wunsch zu erwecken, daß das Christentum wahr sein möchte, gesetzt auch, wir wären so unglücklich, daß es nicht wahr sei. Unser Urteil schlägt sich allzeit auf die Seite unsers Wunsches. Wann dieser die Einbildungskraft beschäftiget, so läßt er ihr keine Zeit, auf spitzige Zweifel zu fallen; und alsdann wird den meisten ein unbestrittner Beweis eben das sein, was einem Weltweisen ein unzubestreitender ist. Ein Fechter faßt die Schwäche der feindlichen Klinge. Wann die Arznei heilsam ist, so ist es gleich viel, wie man sie dem Kinde beibringt. – – Diese einzige Betrachtung sollte den »Messias« schätzbar machen, und diejenigen behutsamer, welche von der Natur verwahrloset sind, oder sich selbst verwahrloset haben, daß sie die poetischen Schönheiten desselben nicht empfinden. Besonders wenn es zum Unglücke Männer sind, die bei einer Art Leute, welche noch immer den größten Teil ausmachen, ein gewisses Ansehen haben.

Ich habe oben gesagt, daß ich hier völlig müßig bin. Es ist also kein Wunder, daß ich auf die allerwunderlichsten Einfälle gerate. Über einen werden Sie gewiß lachen, wo nicht gar mit den Achseln zucken. Ich weiß nicht, ob ich oder mein Bruder zuerst darauf kamen; wir müssen aber wohl beide zugleich darauf gekommen sein, weil wir unsere Kräfte zu Ausführung desselben vereinigten. Wir mußten es oft genug hören, der Messias sei nicht zu verstehen, und ich mußte mich oft genug auslachen lassen, wenn ich sagte, ich wollte, daß er noch ein wenig dunkler wäre. Man zeigte mir Stellen, gegen welche Orakelsprüche verständlicher sein sollten. Ich gab mir Mühe, sie zu erklären, und mußte hier und da die lateinische Sprache mit zu Hülfe nehmen; da es sich denn dann und wann fand, daß man keine Mühe hatte, das in einem römischen Ausdrucke zu verstehen, was man in einem deutschen nicht verstehen wollte. Was konnte also natürlicher sein, als daß wir darauf fielen, ob es nicht möglich sei, diesen unsern gelehrten Landsleuten zum Besten, das ganze Gedichte in lateinische Verse zu übersetzen. Gedacht; versucht: und ich wollte, daß ich hinzusetzen könnte: versucht; gelungen. Wir sind schon ziemlich weit damit gekommen, und wenn Sie wollen, so können Sie ehstens eine Probe davon sehen. Ich bin etc.

Neunzehnter Brief

An ebendenselben

Es ist mir lieb, daß Sie mir Gerechtigkeit widerfahren lassen, und daß Sie mich nicht, als einen Verehrer des »Messias«, auch zu einem Verehrer derjenigen steifen Witzlinge machen, welche durch ihre unglücklichen Nachahmungen, dieser erhabnen Dichtungsart ich weiß nicht was für einen lächerlichen Anstrich geben. Es gibt nur allzuviele, welche glauben, ein hinkendes heroisches Sylbenmaß, einige lateinische Wortfügungen, die Vermeidung des Reims wären zulänglich, sie aus dem Pöbel der Dichter zu ziehen. Unbekannt mit demjenigen Geiste, welcher die erhitzte Einbildungskraft über diese Kleinigkeiten weg, zu den großen Schönheiten der Vorstellung und Empfindung reißt, bemühen sie sich anstatt erhaben dunkel, anstatt neu verwegen, anstatt rührend romanenhaft zu schreiben. Kann etwas lächerlicher sein, als wenn hier einer in einem verliebten Liede mit seiner Schönen von Seraphinen spricht, und dort ein andrer in einem Heldengedicht von artigen Mägdchen, deren Beschreibung kaum dem niedrigen Schäfergedichte gerecht wäre. Gleichwohl finden diese Herren ihre Anbeter, und sie haben, große Dichter zu heißen, nichts nötig, als mit gewissen witzigen Geistern, welche sich den Ton in allem, was schön ist, anzugeben unterfangen, in Verbindung zu stehen. Aber so geht es: wenn ein kühner Geist, voller Vertrauen auf eigne Stärke, in den Tempel des Geschmacks durch einen neuen Eingang dringt, so sind hundert nachahmende Geister hinter ihm her, die sich durch diese Öffnung mit einstehlen wollen. Doch umsonst; mit eben der Stärke, mit welcher er das Tor gesprengt hat, schlägt er es hinter sich zu. Sein erstaunt Gefolge sieht sich ausgeschlossen, und plötzlich verwandelt sich die Ewigkeit, die es sich träumen ließ, in ein spöttisches Gelächter – –

Jetzo gleich will ich, vielleicht ein eben so spöttisches Gelächter, über die in meinem letzten Schreiben erwähnten Übersetzer des Messias erwecken. Hier haben Sie eine Probe; wir müssen Ihnen aber gleich voraus sagen, daß es die erste und letzte sein wird, weil wir dieser unserer Beschäftigung schon wieder überdrüssig geworden sind. Nicht so wohl weil sie ein wenig schwer war, sondern vielmehr weil uns ein Freund Nachricht gab, daß uns schon eine geschickte Feder zuvor gekommen sei. Da wir von fremder Arbeit immer die vorteilhaftesten Begriffe haben, so fürchten wir bei der Vergleichung zu verlieren. Doch urteilen Sie selbst, ob wir Ursache haben, uns zu fürchten.

Messias
Carmen Epicum, liber primus

Quam sub carne Deus lustrans terrena novavit
Crimine depressis, cane mens aeterna salutem:
Infelicis Adae generi dum foederis icti
Sanguine reclusit fontem coelestis amoris.
Hoc fatum aeterni. Frustra se opponere tentat
Divinae proli Satanas: Judaeaque frustra
Nititur. Est agressus opus, totumque peregit.
Ast, quacunque pates, soli res cognita Jovae,
Quae iam mersa latet tenebris, arcesne poësin?
Hanc in secessu, amoto rumore loquaci,
Oranti, omnicreans Flamen, mihi redde sacratam!
Hanc, plenam igne pio, mansuris viribus auge,
Et mihi siste deam, tua quae vestigia carpat!
Hanc latebris gaudens, qua tu petis ima Jehovae,
Armet, scrutator Flamen, sapientia vivax!
Vt mihi pandantur nebulis arcana remotis,
Messiam ut dicar digno celebrare volatu.
Qui vos nobilitat, miseri, si nostis honorem,
Dum terras adiit salvatum conditor orbis,
Tendite vati animos. Huc tendite, parva caterva
Nobilium! Dulci queis non est carior alter
Fratre Deo, placido vultu quos laeta sonantes
Opprimet usque animis revolutus terminus aevi,
Hymnum audite meum! Vobis sacra vita sit Hymnus.
Haud procul urbe sacra, quae se caligine foedans
Quassabat stupido delectus calce coronam,
Quondam sede Dei, sanctorum matre parentum,
Sacrilegis fusi manibus nunc sanguinis ara,
Haud procul hac, sese Messias plebe removit,
Tunc cultrice quidem, sed non pietatis honore,
Quem sine labe videt cordis penetralia scrutans.
Intrat secessus. Hic gressibus obvia turba
Substernit palmas! illic Hosianna resultat!
Frustra. Rex titulo, nec rex cognoscitur ulli,
Nec, quod vibratum verbum patris ore benigno

Certa salus aderat, tenebris sentitur operto.
Labitur ipse Deus coelo. Pollentia verba:
Denuo claratus clarabitur! aethere missa,
Integra praesentis Jovae documenta ministrant.
Ast qui te capiat. Numen, mens sordida spectans?
Haec inter propius Jesus accedere patri,
Qui populo iratus, demissa voce per auras
Nequicquam attonito, superas remearat ad oras,
Divinam mentem nullo cogente novatum,
Terrigenas, caram gentem, sibi morte piandi.
Auroram versus, sanctam supereminet urbem
Mons, qui culminibus divinum saepe patronum
Condiderat, veluti templi penetralibus imis,
Sub patris aspectu nocturna silentia longis
Ducentem precibus. Montem contendit in illum;
Nec comes ire negat vatum monumenta Joannes
Visurus, placidam, divini imitator amici,
Vt noctem sacris orans duraret in antris.
Illinc Messias superat fastigia. Flamma
Protinus en cinctum! veniens de monte Moria
Quae placabat adhuc, usti sub imagine, patrem.
Spargit oliva gelu circum, dum mollior aura
Ora, velut Jovam prodenti murmure, lambit.
Messiae famulans aulae coelestis alumnus,
Aethereis dictus Gabriel, sub tegmine cedri
Halantis cessans volvit secum ipse salutem
Instauratam orbi coelique tropaea, redemptor
Obvius ut patri tacito pede praeterit illum.
Speratum Gabriel non nescit surgere tempus;
Obstupet, exultat; suavis voc excidit ore:
Num, divine, patri supplex, elidere somnum
Gaudes, an fessis mulcentem admittere membris?
Ibo immortali capiti, sis, strata paratum.
En viridans proles cedri sua brachia tendit,
Ambrosiusque frutex tendit. Propullulat imo
Monte silens muscus vatum monumenta pererrans.
His divine tibi, concedas, strata parabo.
Instantes operi quis languor colligat artus!

Quo mortale genus tolerans dignaris amore!
Dixit. Ad hunc Jesus clementia lumina torquet,
Stans gravis in summo montis pulsantis Olympum.
Hic Deus. Hic orat. Terris iam magnus ab imis
Auditur clangor, volventes infima plausus
Antra strepunt, pulsu vocis commota potentis,
Haud vocis, quae dira polis trepidantibus, igne
Nubibus abrepto tonitrusque fragore, precatur;
Sed blandae illius, quae nil nisi spirat amorem,
Qua telluri olim paradisi forma redibit.
Circuitu nigrant per amoena crepuscula colles,
Non secus ac hilares hortus iam cingat Eous.
Quae Jesus, alta tantum vi numinis ipse
Atque sator penetrant. Himini datur ista referre.
Tandem, summe parens, lux foederis atque salutis
Advenit: aeternum sacra lux maioribus orsis,
Orso ipso primo, socia quod prole patrasti,
Surgens illa mihi radiis resplendet iisdem,
Queis olim vastam seriem penetrantibus aevi
Resplendens avidis oculis praerepta placebat.
Prima labe vias obstructi pandere coeli,
Tunc tribus unus erat, quod nosti, fervor amoris.
Regnantes per inane silens nudumque creatis,
Pulsi ardore sacro, quod nondum traxerat auras,
Sede genus celsa contemplabamur egenum.
Heu miseras gentes! Heu quondam morte carentem
Effigiem nostri, nunc cuncto crimine foedam!
Vidi infelices! Vidisti me lacrymantem!
Tunc tu: rursum homines formemus imagine diva!
Sanguinis hinc natum est foedus penetrabile nulli,
Et typum ad aeternum repetenda creatio mundi.
Scis divine sator, testantur sidera coeli,
Huic operi immenso quoties ego sponte dicatus
Flagrarim, miseris numen involvere membris:
Heu, quoties tellus te multo sidere mixtam
Spectavi exultans! Et tu sacra terra Canaea,
In clivo quoties, fusuro sanguine sacri
Foederis humenti, rarantia lumina fixi!

Nunc quae pertentant animum mihi dulce trementem
Gaudia! – –

Doch genug, mein Herr. Ich sollte meinen, daß hundert und mehr Verse zu einem Anbisse mehr als zu viel wären. Vielleicht werden Sie ihrer nicht zehne lesen. Ich bin etc. W** 1752. im Februar.

Zwanzigster Brief

An den Herrn H.

Sie bekommen hier das Schreiben des Herrn Diderot über die Tauben und Stummen wieder zurück. Ein kurzsichtiger Dogmaticus, welcher sich für nichts mehr hütet, als an den auswendig gelernten Sätzen, welche sein System ausmachen, zu zweifeln; wird eine Menge Irrtümer aus demselben zu klauben wissen. Diderot ist einer von den Weltweisen, welche sich mehr Mühe geben, Wolken zu machen, als zu zerstreuen. Überall wo sie ihre Augen hinfallen lassen, erzittern die Stüzen der bekanntesten Wahrheiten, und was man ganz nahe vor sich zu sehen glaubte, verlieret sich in eine ungewisse Ferne. Sie führen uns

In Gängen voll Nacht zum glänzenden Throne der *Wahrheit*:

wenn Schullehrer in Gängen voll eingebildeten Lichts zum düstern Throne der Lügen leiten. Gesetzt auch ein solcher Weltweise wage es, Meinungen zu bestreiten, die wir gebilliget haben. Der Schade ist klein. Seine Träume oder Wahrheiten, wie man sie nennen will, werden der Gesellschaft eben so wenig Schaden tun, als vielen Schaden ihr diejenigen tun, welche die Denkungsart aller Menschen unter das Joch der ihrigen bringen wollen – – Es geht ja ohnedem nicht an. Wie viel Höflichkeiten, wie viel Wein ließ es sich der Hr.** nicht gestern kosten, daß wir seine Verse eben so vortrefflich finden sollten, als er? – – Taten wir es? Ich bin etc. B** den 1751.

Einundzwanzigster Brief

An den Herrn S.

Ich habe gestern von B** eine sehr traurige Nachricht erhalten. Der Freund, dessen ich so oft gegen Sie erwähnt habe, ist auf der Reise in sein Vaterland gestorben. Es geht mir nahe, wenn ich bedenke in was für Gesinnungen von mir er vielleicht gestorben ist. Nach einer langen ununterbrochnen Freundschaft mußte uns eine Kleinigkeit entzweien, welcher meine Abwesenheit am meisten zu statten kam. Doch diese Kleinigkeit war es nicht allein, die ihn wider mich aufbrachte. Wehe euch, die ihr mit Verleumdungen sein Bette umlagert hieltet! Euch müsse es nie gelingen, einen Freund zu finden;. oder wann ihr ihn ja gefunden hättet, so müsse ihn auf einmal, ohne euer Verschulden, Haß und Rache wider euch erfüllen! Und in diesem Augenblicke müsse er sterben, um euch in jener Welt mit einem schrecklichen Gesichte zu erwarten! Ich würde die strengste Gerechtigkeit zwischen mir und ihm zum Richter haben nehmen können, und ich weiß gewiß, sie würde für mich gewesen sein. Doch er ist tot, und sein Tod macht ihn in meinen Augen von allen Vorwürfen frei, und mich allein schuldig. Ich mag ihn wirklich, oder nur seiner Einbildung nach beleidiget haben; genug er ist beleidigt. Er ist es, und ich muß ihn versöhnen. Aber wie? Möchten mir doch die Worte des Horaz: placantur carmine manes, nicht umsonst eingefallen sein! Möchte es doch wahr sein, daß dieses das Mittel wäre! Doch es sei es, oder es sei es nicht; ich werde wenigstens eine Art des Trostes und der Beruhigung darinne finden. Schon sammle ich die traurigsten meiner Gedanken; und bald entwerfe ich sein Bild, das ich so reizend nicht würde entworfen haben, wenn wir uns nicht entzweit hätten. Schon ist mein ganzer Geist dazu vorbereitet, und schon gestern hab ich ihm, oder wann Sie lieber wollen, meiner Muse, lange und schwere Harmonien befohlen.

Die ich dich nie dem Chor unschuldger Scherze raubte,
Und schwer beklemmt zu bangen Klagen rief,
Die Rosen heut, o Muse, von dem Haupte,
Das gestern noch im Schoß der frohen Jugend schlief;
Und aus der freien Rechte
Den fürchterlichen Stab,
Den, als der Pindus jüngst in Libers Laube zechte,
Dir der vergnügte Wirt zum Freundschafts Pfande gab;
Reiß schnell, der Weste Spiel, das flatternde Gewand,
In schmutzig unachtsame Falten!
Und trenn mit ungestümer Hand

Die Perlenschnur, bestimmt das güldne Haar zu halten.

Nun nimm sie hin, die mir getreuen Saiten,
Und stimme sie zum Trauerton herab,
Zum Ton geschickt die Seufzer zu begleiten,
Und fromm zu schallen um ein Grab.

Sollten Sie nicht glauben, daß ich Sie für meine Muse hielte? Verzeihen Sie meiner Zerstreuung, und erlauben, daß ich von Ihnen auf einige melancholische Wochen, welche mir die süßesten von der Welt sein sollen, Abschied nehmen darf. Ich bin etc. W** 1752.

Zwei und zwanzigster Brief

An den Herrn D**

Nimmermehr hätte ich geglaubt, daß meine Reden einen solchen Eindruck haben könnten. Ich erinnere mich ganz wohl, daß man in der Gesellschaft, in welcher ich Sie das erstemal zu sprechen die Ehre hatte, und von welcher wir, wann es anders Ihr Ernst ist, die Epoche unserer Freundschaft zu rechnen anfangen wollen, daß man, sage ich, damals das Gespräch auf die neuste Geschichte wandte, und daß ich in dem ganzen Umfange derselben keine Begebenheit anzutreffen erklärte, welche mich mehr gerührt habe, als die Enthauptung des Herrn Henzi in Bern. Ich konnte mich nicht enthalten den vortheilhaften Begriff zu verraten, den ich mir von ihm, Teils aus den öffentlichen Nachrichten, Teils aus mündlichen Erzählungen gemacht hatte. Ich behauptete sogar, daß er einen würdigen Helden zu einem recht erhabnen Trauerspiele abgeben könne; und ich hatte das Vergnügen, daß Sie mir, nach einigem Wortwechsel, beifielen. Wie viel größer aber ist das Vergnügen, welches Sie mir durch Ihre Zuschrift gemacht haben? Ich finde den deutlichsten Beweis darinne, daß Sie mir nicht aus Höflichkeit, sondern aus Überzeugung beigefallen sind, und daß Sie meine Gesinnungen nicht so wohl gebilliget, als vielmehr angenommen haben. Als ein Geist, der sich gleich Anfangs mit etwas wichtigen zeigen will, übersenden Sie mir einen Plan, wie unser Held wohl am füglichsten auf die Bühne zu bringen sei. Er macht Ihrer Kritik und Ihrem Genie Ehre; und wenn ich mich in die Beurteilung desselben einlassen wollte, so würde ich überall nichts zu sagen finden, als: das ist schön, das ist regelmäßig, ob ich gleich dieses so, und jenes anders eingerichtet zu haben bekenne. Denn ich muß es Ihnen nur gestehen, daß ich mir einen gleichen Plan gemacht habe, und zwar noch ehe ich die Ehre hatte, mit Ihnen davon zu sprechen. Ich habe sogar angefangen, ihn auszuführen, und ich bin nicht übel Willens den ersten Aufzug meinem Briefe beizulegen. Und warum nicht? Er wird mir die Mühe ersparen, meine Einrichtung weitläuftig zu erklären, und ich werde am Ende nichts nötig haben, als einige allgemeine zu meiner Entschuldigung dienende Anmerkungen beizufügen. Hier ist er; ich muß Sie aber ersuchen, daß Sie das Übrige meines Briefes erst nach ihm lesen, weil ich mich durchgängig darauf beziehen werde – – –

[Hier folgt Samuel Henzi I, 1–3]

Zweierlei, mein Herr, werden Sie gleich Anfangs bemerkt haben; daß ich nämlich die Bühne in einen Saal des Rathauses verlege, und daß ich die Handlung mit dem Tage anfangen lasse. Jenes tue ich, die Einheit des Orts zu erhalten, wenn ich etwa kühn genug sein sollte, in den folgenden Aufzügen die Ratsversammlung selbst, und meinen Helden vor ihr redend zu zeigen; man würde alsdenn nichts als den innern Vorhang aufziehen dürfen. Das andre habe ich deswegen für gut befunden, damit die Vorfälle einander nicht allzusehr drängen und dadurch unnatürlich scheinen möchten. Gewisse große Geister würden diese kleinen Regeln ihrer Aufmerksamkeit nicht würdig geschätzt haben; wir aber, wir andern Anfänger in der Dichtkunst, müssen uns denselben nun schon unterwerfen. Aber wird man nicht das schon für eine Übertretung der Regeln halten, daß der Stoff unsers Trauerspiels so gar zu neu ist? Hätte man nicht wenigstens die ganze Begebenheit unter fremden Namen einkleiden sollen, gesetzt diese Namen wären auch völlig erdichtet gewesen? Ich zweifle nicht, daß nicht einige dieses behaupten sollten; allein daß sie es mit Grunde behaupten werden, daran zweifle ich. Die Verbergung der wahren Namen, wird meines Erachtens nur alsdann notwendig, wenn man in einer neuen Geschichte wesentliche Umstände geändert hat, und man durch diese Veränderungen die besser unterrichteten Zuschauer zu beleidigen fürchten muß. Sind wir aber in diesem Falle? Ich sollte nicht denken; wenigstens wie ich Knoten, Auflösung und Charaktere eingerichtet habe, glaube ich die Wahrheit nirgends beleidiget, und hin und wieder nur verschönert zu haben.

Lassen Sie uns das letzte zuerst betrachten. Ich will Ihnen sagen, was meine Absicht damit war. Sie war diese: den Aufrührer im Gegensatze mit dem Patrioten, und den Unterdrücker im Gegensatze mit dem wahren Oberhaupte zu schildern. Henzi ist der Patriot, Dücret der Aufrührer, Steiger das wahre Oberhaupt, und dieser oder jener Ratsherr der Unterdrücker. Henzi, als ein Mann, bei dem das Herz eben so vortrefflich als der Geist war, wird von nichts, als dem Wohle des Staats getrieben; kein Eigennutz, keine Lust zu Veränderungen, keine Rache beseelt ihn; er sucht nichts als die Freiheit bis zu ihren alten Grenzen wieder zu erweitern, und sucht es durch die allergelindesten Mittel, und wann diese nicht anschlagen sollten, durch die allervorsichtigste Gewalt. Dücret ist das vollkomme Gegenteil. Haß und Blutdurst sind seine Tugenden, und Tollkühnheit sein ganzes Verdienst.

Sie werden leicht sehen können, daß in diesen Charakteren der Knoten des Stücks gegründet ist. Henzi und seine Freunde kennen den Dücret, verabscheuen ihn und suchen sich auf alle mögliche Art von ihm zu trennen. Dieser aber will selbst Oberhaupt sein, und sucht den Henzi verdächtig zu machen, wozu er sich des Umstandes mit dem Wernier bedient. Setzen Sie nunmehr, daß ihm dieses nicht gelingt, und daß man ihn völlig vor den Kopf stößt, so ist nach seiner Gemütsart nichts natürlicher, als daß er selbst seine Mitverschwornen verrät, und sich aus der Schlinge zu ziehen sucht. Es liegt wenig oder nichts daran, ob die Entdeckung wirklich so zugegangen, und ob Wernier erst an dem Tage der Entdeckung an dem Geheimnisse Teil genommen; genug daß beides sein könnte, und die Hauptsache nichts darunter leidet. Diese Entdeckung würde ich zu Ende des dritten Aufzuges vor sich gehen lassen, so daß sich die Charaktere der Gegenpartei erst in den beiden letztern entwickelten. Ich würde Steigern sich Henzis eben so eifrig annehmen lassen, als sich Henzi Steigers annimmt. Ich würde nur gewisse Glieder auf eine blutige Bestrafung dringen, und diese ohne jenes Vorwissen in der Geschwindigkeit geschehen lassen – –

Es tut mir leid, daß mir die Zeit nicht erlauben will, umständlicher zu sein. Doch ich glaube nicht einmal, daß es nötig ist. Halb so viel würde schon zureichend gewesen sein, Ihnen meine Einrichtung zu entdecken, und weiter habe ich nichts gewollt. Leben Sie wohl. Ich bin etc.

Drei und zwanzigster Brief

An ebendenselben

Wahrhaftig, mein Herr, Sie haben meine Gedanken so vortrefflich gefaßt, oder vielmehr Sie haben sie so vortrefflich verbessert, daß ich nichts mehr wünschte, als daß es Ihnen gefallen möchte, sie völlig als die Ihrigen zu betrachten, und nach demselben ein Werk zu vollführen, welches meinen Schultern beinahe zu schwer ist. Ein Lied, ein kleines Lied von Lieb und Wein, o wie viel leichter ist das! Es geht mir wie es dem Ovid ging, ohne sonst mit ihm viel ähnliches zu haben.

Vincor; et ingenium sumtis revocatur ab armis?
Resque domi gestas et mea bella cano.
Sceptra tamen sumsi, – – – – –
– – – – – – –
Risit Amor, pallamque meam, pictosque cothurnos
Sceptraque privata tam cito sumta manu.
Hinc quoque me Dominae nomen deduxit iniquae:
Deque cothurnato vate triumphat Amor.

Hier haben Sie alles, was ich noch außer dem ersten Aufzuge gemacht habe, und was Sie etwa brauchen können. Streichen Sie aus und verbessern Sie, was Ihnen nicht gefällt; setzen Sie hinzu, was Ihnen beliebt. Wann Sie das Stück zu Stande bringen, so werde ich keinen größern Anteil daran haben, als an einer schönen Bildsäule derjenige hat, welcher den Marmor dazu gebrochen. Leben Sie wohl!

[Hier folgt Samuel Henzi II, 1–3]

Vier und zwanzigster Brief

An den Herrn F.

Sie müssen sich notwendig noch erinnern, wie viel ich jeder Zeit aus den *Horazischen Oden* und aus ihrem Verfasser, dem Herrn Pastor Lange, gemacht. Ich habe ihn allezeit als einen unserer wichtigsten Dichter betrachtet und seiner versprochnen Übersetzung des Horaz mit dem unbeschreiblichsten Verlangen entgegen gesehen. Endlich ist sie diese Messe erschienen und meine Begierde hat sie mehr verschlungen als gelesen. Noch habe ich mich von dem Erstaunen, in welches sie mich gesetzt, nicht ganz erholt. Aber, guter Gott, wie unterschieden ist dies Erstaunen von dem, welches ich mir versprach! Ein gehofftes Erstaunen über unüberschwängliche Schönheiten, hat sich in ein Erstaunen über unüberschwängliche Fehler verwandelt. Gleich der erste Blick, den ich hinein tat, war entsetzlich, und beinahe hätt' ich meinen eignen Augen nicht getrauet! Ich fiel auf die 14. Ode des fünften Buchs und las:

Als hätte ich mit dürren Schlund zweihundertmal
Des ewgen Schlafes Becher durstig gedrunken.

Eine gewisse Ahndung ließ mich schnell in den Text sehen, und was glauben Sie was ich entdeckte?

Pocula Lethaeos ut si ducentia somnos
Arente fauce traxerim:

so sagt Horaz; Herr Lange aber macht aus pocula ducentia somnos, aus schlaferweckenden Bechern, ducenta pocula zweihundert Becher. O wahrhaftig er muß ihrer mehr als zwei hundert ausgeleeret haben, die ihm das *innerste der Brust so stark mit Vergeßlichkeit* der ersten Anfangsgründe *erfüllt haben*! Ich zeigte diese Stelle so gleich einem Freunde, welcher wie ich und Sie nie aufhören wird, den Horaz zu lesen. Wir wurden einig, vorher das ganze Buch durch zu laufen, ehe wir den Übersetzer aus einem einzigen Fehler verdammten, welcher allenfalls, wenn er der einzige bliebe, auf die Rechnung der Menschlichkeit zu schreiben sei. Wir taten es, und siehe, ich bekam dadurch ein Exemplar, welches auf allen Seiten Striche und Kreuze die Menge hatte. Das Resultat dieser Zeichen war dieses, daß Herr Lange, welcher neun Jahre mit dieser Arbeit zugebracht haben will, neun Jahre verloren habe, und daß es etwas unbegreifliches sei, den Horaz glücklich nachzuahmen, ohne ihn zu verstehen. Es liegt mir und meinem Freunde daran, daß Sie unser Urteil nicht für übereilt halten. Sie wer den uns also schon den Gefallen tun müssen, ein klein Register von Schulschnitzern zu durchlaufen, um sich Ihrer Kindheit zu erinnern. Ich nenne es ein klein Register, das Sie allenfalls von Ihrem jüngern Bruder, wenn Sie selbst nicht Zeit haben, bis in das unendliche können vermehren lassen.

1. B. Ode 1.
Sublimi feriam sidera vertice.

Dieses übersetzt Herr Lange

So rühre ich mit erhabnem Nacken die Sterne.

In meinem Cellario heißt vertex der Scheitel. Ein Wort das auch zwei Sylben hat.

1. B. Ode 2.
    Galeae leves heißen dem Herrn Langen *leichte Helme*; hier müssen es blanke Helme heißen, wie es aus der Quantität der ersten Sylbe in leves zu sehen ist. Der Gradus ad Parnassum ist nicht zu verachten!

1. B. Ode 8.
– – – cur olivum.
Sanguine viperino
Cautius vitat?
Warum flieht er den Ölzweig doch
Vorsichtiger als Gift der Ottern.

Wenn Horaz gesagt hätte: Olivam, so möchte Herr Lange Recht haben. Olivum aber heißt das Öl, womit sich die Fechter beschmierten, damit sie desto schwerer zu fassen wären. Daß aber Horaz dieses Öl und nicht den Ölzweig meint, kann man aus dem was er ihm entgegen setzt, dem Gifte der Ottern, sehen.

1. B. Ode 11.
    Horaz sagt vina liques. Herr Lange übersetzt: *zerlaß den Wein.* Was heißt das, den Wein zerlassen? War der Wein gefroren? Vielleicht lernt er es aus einer Stelle des Martials verstehen, was vina liquare heißt: 9. B. Sinnschr. 3.

Incensura nives Dominae Setina liquantur.

2. B. Ode 1.
Graves Principum amicitiae,

heißen unserm Übersetzer, *der wichtige Bund der Großen.* Er hätte wenigstens sollen sagen, der schädliche Bund.

2. B. Ode 4.
Cujus octavum trepidavit aetas
Claudere lustrum.

heißt in der Übersetzung: *mein Alter ist schon mit Zittern zu vierzig gestiegen.* Trepidare kann hier nicht *Zittern* bedeuten, weil man im 40sten Jahre schwerlich schon zittert. Es heißt nichts als, eilen, so wie es Herr Lange selbst an einem andern Orte, (3. B. Ode 27. Z. 17.) übersetzt hat.[5]

2. B. Ode 5.
– – nondum munia comparis
Aequare. (*valet*)

Sie ist noch der Huld des Gatten nicht gewachsen; sagt Herr Lange. Aber wer wird mit ihm von Tieren die edlen Worte, *Huld* und *Gatte* zu brauchen wagen? Doch wenn auch; Horaz will das gar nicht sagen, was ihn sein Übersetzer sagen läßt; er bleibt bloß in der Metapher vom Joche und spricht: sie kann noch nicht mit der Stärke des Ochsen, welcher neben ihr gespannt ist, ziehen.

2. B. Ode 12.
Dum flagrantia detorquet ad oscula
Cervicem – –

Herr Lange sagt, *indem sie den Hals den heißen Küssen entziehet.* Allein das ist gleich das Gegenteil von dem, was Horaz sagen will.

3. B. Ode 6.
    Horaz sagt von einem verbuhlten Mägdchen in dieser Ode:

– – – neque eligit
Cui donet impermissa raptim
Gaudia, luminibus remotis.

Was ist deutlicher, als daß er durch *luminibus remotis* sagen will, wenn man die Lichter bei Seite geschafft hat. Der bessere Herr Lange aber gibt es: *mit abgewandten Blicke.*

3. B. Ode 21.

Sollte man es sich wohl einbilden können, daß Herr Lange *prisci Catonis* durch *Priscus Cato* übersetzt? Welcher von den Catonen hat denn Priscus geheißen?

3. B. Ode 27.

Noch ein größerer Fehler!
Uxor invicti Jovis esse nescis –

übersetzt Herr Lange, oder Gott weiß welcher Schulknabe, dem er diese Arbeit aufgetragen: *Du weißts nicht, und bist des großen Jupiters Gattin!*

4. B. Ode 4.

Die vortrefflichste Strophe in dieser Ode hat Herr Lange ganz erbärmlich mißgehandelt. So sieht, sagt der Dichter, das auf fette Weiden erpichte Reh, den von der säugenden Brust seiner gelben Mutter verstoßnen Löwen, dessen junger Zahn es zerfleischen soll – –

Qualemve laetis caprea pascuis
Intenta, fulvae matris ab ubere
Jam lacte depulsum leonem
Dente novo peritura vidit.

Man sehe nun, was der Übersetzer für ein elendes Gewäsche daraus gemacht hat.
– – – – Und wie Ziegen

Mit froher Weid allein beschäftigt, den Löwen,
Von Milch und Brust der gelben Mutter vertrieben,
Sehn, und den Tod von jungen Ziegen wahrnehmen.

Und also heißt *Dente novo von jungen Ziegen?*

5. B. Ode 11.
Desinet imparibus
Certare summotus pudor.

Hier übersetzt Herr Lange imparibus durch *nichtswürdige*, da es doch offenbar ist, daß der Dichter solche versteht, welchen er nicht gewachsen ist; der 16. und 17. Vers dieser Ode zeigt es deutlich. Bedanken Sie sich ja, daß ich nicht freigebiger gegen Sie mit solchen Sächelchen bin. Ich glaube aber, dieses wenige ist schon hinlänglich, über einen Mann den Kopf zu schütteln, welcher in der Vorrede recht darauf trotzet, daß er nichts als eine wörtliche und treue Übersetzung habe liefern wollen. Ob sie stark, ob sie poetisch, ob sie rein sei, ob sie sonst eine andere Vollkommenheit besitze, das mögen andre entscheiden. Ich wenigstens wüßte nicht, wo ich sie finden sollte. Ich bin etc. W** 1752.

Fünf und zwanzigster Brief

An den Herrn Fa**

Ei, mein Herr! wie kommen Sie darzu, mir einen solchen Strafbrief zu schreiben, und mir so bittre Wahrheiten zu sagen? Es ist wahr, daß ich eine allgemeine Kritik des *Jöcherschen Gelehrten Lexikons* unter Händen habe; es ist wahr, daß schon wirklich einige Bogen davon gedruckt sind. Allein was für Grund haben Sie, an meiner Bescheidenheit zu zweifeln? Was für Grund haben Sie, mich mit einem Dunkel oder Hauber zu vermengen? Wann ich Ihnen nun sagte, daß der Herr D. Jöcher selbst, in Ansehung des Vortrags, mit mir zufrieden ist, und daß er die falschen Nachrichten, die man auch ihm davon hat hinterbringen wollen, nichts weniger als gegründet befunden hat? Wann ich Ihnen nun sagte, daß ich durchaus nicht Willens sei, nach dem Exempel genannter Herren, einen Zusammenschreiber ohne Prüfung abzugeben? Wann ich nun hinzufügte, daß ich nichts weniger als jenes große Werk zu vermehren suche, sondern bloß nach meinen Kräften die unzähligen Fehler darinne vermindern wolle? Was würden Sie alsdenn sagen? Nicht wahr, wenn ich Ihnen alles dieses beweise, so werden Sie sich schämen, einen so übeln Begriff von mir gehabt zu haben? Und wie soll ich es Ihnen besser beweisen als daß ich eine kleine Lage beilege, und Sie mit eignen Augen sehen lasse? Wenn Sie alsdann anfangen werden, von mir besser zu urteilen, so will ich noch dieses hinzusetzen, daß vor der Hand meine Arbeit liegen bleibt, und daß ich das Verlangen des Herrn D. Jöchers billig gefunden habe, ihm meine Anmerkungen zu den Supplementbänden zu überlassen. Leben Sie wohl. Ich bin etc. W** 1752.

Abaris

Der Ausspruch des Apollo wird ganz verfälscht angeführt.* Ist es Plutarch der das Wunderbare, welches man von diesem skythischen Weisen erzählt, für Fabeln gehalten?†

> * »Abaris, erzählt der Herr D. J., wurde von seinen Landsleuten, welche die Pest hart beschwerte, nach Athen abgeschickt, *weil Apollo den Ausspruch getan, daß sie nicht eher aufhören würde, bis die Athenienser ihm deswegen für die Hyperboreer ein Gelübde getan hätten.*« Ich weiß nicht, wem der Herr Doctor hier nachgegangen ist; das weiß ich, daß er dem Harpokration hätte nachgehen sollen, welcher von den Alten der einzige ist, der diesen Umstand erzählt. Λοινου δε φασι, heißt es gleich im Anfange seines Wörterbuchs, κατα πασαν την οικουμενην γεγονοτος,

ανειλεν ὁ Αππολων μανθευομενος Ελλησι και Βαρβαροις, τον των Αθηναιων δημον ὑπερ παντων ευχας ποιησασθαι. Πρεσβευομενων δε πολλων εθνων προς αυτους, και Αβαριν εξ Ὑπερβορεων πρεσβευτην αφικεσθαι λεγουσιν. Die Pest also, welche über die ganze bewohnte Welt soll gegangen sein, schränkt der Herr Doctor auf die einzige Hyperboreische Gegend ein; und das Gelübde, welches Apollo von den Atheniensern für alle Völker, sowohl Griechen als Barbaren, gefordert, läßt er allein auf die Landsleute des Abaris gehen. Ich für mein Teil würde diese Stelle auch nur denen zu gefallen recht treulich übersetzt haben, welche gerne so viel glauben als nur immer möglich sein will. Eine *allgemeine* Pest würde für sie eine Kleinigkeit gewesen sein.

† Ich frage; und ich werde allezeit nur fragen, so oft ich noch eine Möglichkeit sehe, daß der Herr Doctor Recht haben könnte. Ich habe die Stelle, wo Plutarch das, was von dem Pfeile des Abaris und von seinen Orakeln erzählt wird, für ein Gedichte halten soll, vergebens gesucht. So lange also, bis man mir sie zeigen wird, werde ich glauben, daß der Herr D. anstatt Plutarch, Herodot habe schreiben wollen, weil er ohne Zweifel bei dem Bayle gelesen: On en debitoit tant de choses fabuleuses, qu'il semble qu'Herodote même se fit un scrupule de les raporter – – – Il se contenta de dire, qu'on disoit que ce barbare etc. Doch auch alsdann würde er zu tadeln sein, weil er die Behutsamkeit und das Stillschweigen des Herodot für eine ausdrückliche Leugnung ausgegeben hätte.

Abaucas

Eigentlich gehört dieser Mann gar nicht in ein Gelehrtenlexikon.* Doch gesetzt: so muß er Abauchas und nicht Abaucas geschrieben werden.** Er ist kein arabischer Philosoph.† Den Lucian hat man schlecht angeführt, und noch schlechter verstanden.††

* Denn was für Recht hat er auf eine Stelle darinne? Ist es genug, eine tugendhafte Tat zu begehen, einen artigen Ausspruch zu tun, um in die Rolle der Gelehrten zu kommen? Aber er ist ein arabischer Philosoph. Das ist eben ein ganz besondrer Fehler: man sehe die Note†. Wenigstens ist seine Handlung eines Gelehrten sehr würdig. Vollkommen; ob sich gleich keiner die Mühe jemals nehmen wird, ihm gleich zu kommen. Wann aber das Gelehrtenlexikon zugleich ein Exempelschatz sein soll, warum findet man nicht eben sowohl einen Sisinnes, einen Belitta, eine Dandamis, einen Demetrius, einen Zenothemis darinne? Was hat Abauchas für ein Vorrecht? Doch, mit einem Worte, Abauchas so gut wie die übrigen, die ich genannt

habe, und noch mehrere, sind Namen, und keiner von ihnen, wahrscheinlicher Weise, hat jemals existiert. Wie viel Millionen Menschen würden in der Welt mehr gewesen sein, wenn man die Namen der Moralisten realisieren wollte?

** Die Ursache sieht ein jeder ein, wenn ich ihm sage, daß ihn Lucian Αβαυχας und nicht Αβαυκας nennt.

† Je mehr ich herumsinne, je weniger begreife ich es, wie man den Abauchas zu einem arabischen Philosophen hat machen können. Lucian ist der einzige, welcher seiner gedenkt, oder vielmehr Lucian ist sein Schöpfer, und machte aus ihm nichts als einen Skythen. Die Gelegenheit ist diese. Er führt einen Griechen mit Namen Mnesippus und einen Skythen mit Namen Toraris auf, welche er von dem Vorzuge ihrer Nationen, in Beobachtung der Pflichten der Freundschaft, streiten läßt. Er läßt sie eins werden, daß jeder fünf Beispiele aus sei nem Volk erzählen will, deren Vorzüglichkeit ihren Streit entscheiden soll. Der Grieche fängt an, fünf Paar Griechischer Freunde aufzuführen; der Skythe folgt, und unter seinen Geschichten ist die Geschichte des Abauchas die letzte. Ist es also möglich, daß Abauchas ein Araber sein kann? Oder ist vielleicht Arabien eine Provinz in Skythien? Auch nicht einmal ein Philosoph ist er; denn wo gibt ihm Lucian diesen Titel? Wollte man ihn aber seiner freundschaftlichen Handlung wegen also nennen, so würde man der Philosophen in Skythien beinahe so viele machen, als Skythen selbst gewesen sind, wenigstens nach dem Zeugnisse des Lucians; wenn anders ein Satyrenschreiber bei historischen Wahrheiten ein Zeuge sein kann. Seine Absicht war weiter keine, als auf eine angenehme Art zu lehren, wie weit die wahre Freundschaft gehen müsse, und was sie für ein weißer Rabe, nach den vollkommnen Begriffen, die man sich davon zu machen habe, sei. Diese konnte er eben so wohl durch erdichtete, als durch wahre Beispiele erreichen. So lange man mir es also nicht durch das Zeugnis eines Geschichtschreibers beweisen kann, daß ein Abauchas wirklich in der Welt gewesen sei, so lange wird man mir es vergönnen, daß ich dem menschlichen Geschlechte diese Zierde abspreche, und glaube, Lucian habe eben das getan, was noch heute die Sittenlehrer tun, wenn sie zeigen wollen, nicht wie die Freunde sind, sondern wie sie sein sollten. Wenigstens hoffe ich nicht, daß mir jemand einwenden werde, Lucian lasse ausdrücklich den Skythen bei Wind und Schwerd schwören, daß er nichts als wahre Fälle erzählen wolle.

†† Man sage mir, kann man nachlässiger zitieren, als: Lucianus dialog? Man erwidre nicht: der Gegenstand selbst zeige es leicht, daß man kein ander Gespräch des Lucians, als sein Gespräch von der Freundschaft, *Toxaris*, meinen könne.

Derjenige, welcher es schon weiß, daß Lucian ein dergleichen Gespräch geschrieben hat, kann die Zitation ganz und gar entbehren. Doch es möchte zitiert sein, wie es wollte, wenn nur der richtige Verstand nichts gelitten hätte. »Er wollte, sagt das Gelehrtenlexikon, lieber seinen Freund aus dem Feuer erretten, als seine Frau und seine zwei Kinder, von denen das eine nur sieben Jahr alt, das andere aber noch ein Säugling war. Das letztere (der Säugling) kam mit seiner Mutter davon; das erste aber mußte in den Flammen sein Leben einbüßen.« Man vergleiche dieses mit den Worten des Lucians: ανεγρομενος ὁ Αβαυχας, καταλυπων τα παιδια κλαυθμυριζομενε, και θην γυναικα εκκρεμαμενην αποσεισαμενος, και σωζειν αὑτην παρακελευσαμενος, απαμενος τον ἑταιρον, κατηλθε και εφθη διεκπεσας, καθο μηδεπω τελεως απεκεκαυτο ὑπο του πυρος. Ἡ γυνη δε, φερουσα το βρεφος, ἑιπετο, ακολουθειν κελευσασα και την κορην. Ἡ δε ἡμιφλεκτος, αφεισα το παιδιον εκ της αγκαλης, μολις διεπηδησε την φλογα, και ἡ παις συν αυτη παρα μικρονελθουσα κακεινη αποθανειν. Die Frau, sagt Lucian, sei mit dem Kinde auf dem Arme, dem Manne gefolgt, und habe dem Mägdchen ihr nachzufolgen befohlen. Halb verbrannt habe sie das Kind fallen lassen; und sich kaum aus der Flamme retten können; und auch das Mägdchen habe beinahe das Leben einbüßen müssen. Hier ist das Mägdchen, oder das Kind von 7 Jahren, welches der Herr D. Jöcher verbrennen läßt, glücklich gerettet. Für den Säugling aber ist mir bange, denn der ist der Mutter aus den Armen gefallen. Doch auch dieser scheinet nicht umgekommen zu sein, wann ich anders die folgende Worte des Abauchas recht verstehe: αλλα παιδας μεν, εφη, και αυθις ποιησασθαι μοι ῃραδιον, και αδηλον ει αγαθοι εσονται ὁυτοι. φιλον δε ουκ αν ἑυροιμι αλλον εν πολλω χρονω τοιουτον, ὁιος Γυνδανης (so hieß der aus dem Feuer gerettete Freund) εσι, πειραν μοι πολλην της ευνοιας παρεσχημενος. In den Worten αδηλον ει γαθοι εσονται ὁυτοι, scheint mir die glückliche Entkommung beider Kinder zu liegen. Man sehe übrigens, wie entkräftet auch diese Stelle in der Übersetzung des GL. klingt: »Ich könnte wohl andere Kinder bekommen, aber einen dergleichen Freund würde ich niemalen wieder gefunden haben.«

George Abbot

»Dieser Abbot, sagt Herr D. Jöcher, verursachte sonderlich durch seine Schärfe gegen die Nonkonformisten, daß sich viele über ihn beschwerten.« Gleich das erstemal, da mir diese Stelle ins Gesicht fiel, schien mir es ein wenig seltsam, daß man einem Erzbischof die Strenge gegen die Feinde seines Ansehens und seiner Kirche habe verdenken können. Nimmermehr aber hätte ich mir das träumen lassen, was ich hernach fand; daß man nämlich die deutlichen Worte des Bayle, worinne dem Abbot gleich das Gegenteil Schuld gegeben wird, so sehr habe verfälschen können. Hier sind sie: La severité qu'il avoit pour les Ministres subalternes et sa *connivence* sur la propagation des Nonconformistes, etoient deux choses qui faisoient parler contre lui. Was connivence heiße, ist auch Leuten bekannt, welche kein Französisch verstehen. Alles was man zu seiner Entschuldigung vorbringen kann, ist die Nachbarschaft des Worts severité. Aber wer wird mit halben Augen lesen? Ich würde menschlich genug sein und glauben, seine eilende Feder habe für Schärfe, Nachsicht schreiben wollen, wenn er nicht gleich drauf fortführe: »Bei dem König Jacob I. machte er sich verhaßt, weil er die Heirat des Prinzen von Wallis mit der Infantin von Spanien nicht billigen, sondern die Gesetze wider die Nonkonformisten nach der Strenge exerzieren wollte.« Außer der Wiederholung eines Fehlers begeht der Herr Doctor noch einen neuen. In was für einer Verbindung stehen diese Heirat und die Nonkonformisten? Hätte Abbot gegen diese nicht nach der Strenge verfahren können, wenn er in jene gewilliget hätte? Kurz; ich kann hierbei gar nichts denken. In der Note* zwei Kleinigkeiten, die man etwas genauer hätte angeben können.

* *Unter seinen Schriften,* heißt es, *sind die vornehmsten: – – Quaestiones theologicae – –* Lieber gar keinen Titel angeführt, als ihn so angeführt, daß man mehr dabei denken kann, als man soll. Weil das Werk selbst rar ist, so will ich ihn ganz hersetzen: Quaestiones sex, 1) de mendacio, 2) de circumcisione et baptismo, 3) de astrologia, 4) de praesentia in cultu idololatrico, 5) de fuga in persecutione, 6) an Deus sit autor peccati: totidem praelectionibus in schola theologica Oxoniensi disputatae anno 1597 in quibus e sacra scriptura et Patribus quid statuendum sit definitur. Per Georg. Abbatum. Oxoniae 1598 in 4. Ferner *ein Traktat von der sichtbaren Kirche.* Die wahre Aufschrift heißt: von der beständigen Sichtbarkeit der wahren Kirche. Der Herr D. Jöcher ist ein zu großer Theolog, als daß er nicht zugeben sollte, daß dieser Titel etwas ganz anders denken lasse, als der seinige.

Abraham Usque

Der Herr Doctor bekennt es selbst, daß die rabbinischen Artikel sehr schlecht geraten sind; und verspricht in den Supplementen auf die Verbesserung derselben Fleiß zu wenden. Es war also billig, daß ich mir es gleich von Anfange vornahm, dasjenige zu übergehen, was der Herr Verfasser seiner eignen Feile vorzubehalten, für gut befunden hat. Nur bei diesem einzigen Artikel, weil er in die spanische Literatur mit einschlägt, erlaube man mir eine kleine Ausnahme. Meine Erinnerungen sind folgende. 1) Es ist wahr, daß wir diesem Abraham den Druck der spanischen ferrarischen Bibel zu danken haben; doch hätte man die Einschränkung nicht vergessen sollen, daß es nur von derjenigen Ausgabe zu verstehen sei, welche dem Gebrauche der Christen bestimmt war. Die Ausgabe zum Nutzen der Juden hat Duarte Pinel gedruckt. Beide sind von einem Jahre. 2) Daß sie zum andernmale 1630 in Holland sei gedruckt worden, ist ein offenbarer Fehler. Diese Ausgabe ist die dritte, wo nicht gar die vierte; die zweite aber ist 5371. (1611) zu Amsterdam in Folio gedruckt worden. Die zwei Ausgaben nach der von 1630 sind von 5406 (1646) und von 5421 (1661) welcher ich unten* gedenken will. 3) Bei den Worten: *Man hat angemerkt, daß die An. 1546 zu Konstantinopel gedruckte spanische Bibel auch nicht in einem Worte von dieser unterschieden sei,* habe ich zu erinnern: a) Eine spanische Bibel ist niemals zu Konstantinopel gedruckt worden, sondern nur der Pentateuchus. b) Und auch dieser ist nicht 1546, sondern 5307, welches das Jahr 1547 ist, herausgekommen. c) Wolf sagt *fere ad verbum repetita est.* d) Wenn man aus dem le Long, welcher die Vergleichung zwischen diesem zu Konstantinopel gedruckten spanischen Pentateucho und der ferrarischen Übersetzung angestellt hat, und aus dem Wolf etwa schließen will, daß also die erste spanische Übersetzung eines Stücks der Bibel zu Konstantinopel herausgekommen sei, so wird man sich irren; denn eben dieser spanische Pentateuchus ist schon 5257 (1497) in Venedig gedruckt worden.

* Der Titel ist dieser: Biblia en lengua española traduzida palabra por palabra de la verdad Hebrayca por muy excelentes letrados. Vista y examinada por el officio de la Inquisition. Con privilegio del illustrissimo Señor Duque de Ferrara. Ya ora de nuevo corregida en casa de Joseph Athias y por su orden impresa. En Amsterdam Ao. 5421. in 8. Aus der Vorrede, welche Joseph Athias dieser Ausgabe vorgesetzt, sieht man, daß der Rabbi Samuel de Cazeres die Besorgung davon gehabt habe. Er hat sie nicht nur von allen Druckfehlern der vorigen Ausgabe befreiet, sondern auch die schweren und ungewöhnlichen Wörter und allzuharten Wortfügungen ausgemerzt, und bei den dunkeln Stellen einige kleine Erklärungen eingeschaltet, welche von dem Texte durch ( ) abgesondert sind. Auf diese Ausgabe darf man es also nicht ziehen, wann das GL. sagt: »sie ist von Wort zu Wort nach dem hebräischen Text gegeben, welches denn sehr schwer und dunkel zu verstehen; zumal, da es in einer ungebäuchlichen spanischen Redensart, die meistens nur in den Synagogen üblich, übersetzt ist.« (Man bemerke hier im Vorbeigehen einen schönen deutschen Ausdruck: *es ist dunkel zu verstehen.*) Ich sollte vielmehr meinen, daß ein Theologe nur dieser Bibel zu gefallen Spanisch lernen müßte; indem die größten Gelehrten darinne übereinkommen, daß keine einzige andere Übersetzung die natürliche und erste Bedeutung der hebräischen Worte so genau ausdrückt, als diese. (CASP. LINDENBERGERI *Epist. de non contemnendis ex lingua hi spanica utilitatibus theologicis* in den *Novis Literariis maris Baltici* A. 1702.) Von dem Samuel

de Cazeres muß ich noch gedenken, daß das GL. dieser seiner Arbeit auf eine sehr unverständliche und unvollständige Art erwähnet, wenn es in dem Buchstaben C weiter nichts von ihm sagt, als: »ein spanischer Rabbi in der andern Hälfte des 17ten Seculi, hat die Bibel ins spanische übersetzt zu Amsterdam 1661 in 8. ediert.« Auch der Artikel des obigen J. Athias ist sehr trocken. Man gedenkt bloß seiner zwei hebräischen Auflagen der Bibel, und auch dabei wird Leusdenius sowohl als die Verteidigung des Athias gegen den Maresius vergessen. Das Geschenke der Generalstaaten würde weniger befremden, wenn man dazu gesetzet hätte: für die an sie gerichtete Dedikation der spanischen Bibel. Seine Ausgaben der deutschen, englischen und der gedachten spanischen Bibel, hätten eben so wenig sollen übergangen werden, als die Art seines Todes. Sonst darf man sich in den spanischen Bibeln der Juden über das häufig vorkommende A. nicht wundern. Es ist ihre Gewohnheit, den vierbuchstäbigen Namen des Höchsten nicht anders auszudrücken.

Johannes Abrenethius

Von diesem Manne weiß das GL. weiter nichts als: *hat 1654 eine geistliche Seelenarzenei und von der Krankheit der Seelen zu Hanau ediert.* Wenn man nur wenigstens noch gesagt hätte, ob er ein Franzose oder ein Russe, ein Spanier oder ein Wende gewesen wäre. Doch wenn er sein Buch deutsch und zwar zu Hanau herausgegeben hat, so wird er wohl ein Deutscher sein. Gefehlt! Er ist ein Engländer, und das von ihm angeführte Buch ist nichts als eine Übersetzung desjenigen, welches 1615 in London unter dem Titel »A christian and heavenly treatise containing physicke for the soul« herausgekommen ist.

Laurentius Abstemius

Es ist verdrüßlich, wenn man dasjenige noch einmal anmerken soll, was man bei dem Bayle schon angemerkt findet. Er hat, sagt der Herr D. Jöcher, *dem Herzoge Guido Ubaldus einige Bücher obscurum locorum zugeschrieben.* Es sind nicht einige Bücher, sondern ein einziges, und noch dazu ein sehr kleines, wie es Abstemius selbst in der Zueignungsschrift zu seinem Hecatomythion sagt. *Sonst hat er auch annotationes in obscura loca veterum geschrieben, von denen ein Stück in* GRVTERI *Thesauro critico stehet.* Diese sind mit dem vorhergehenden Buche obscurorum locorum einerlei, und hätten also unter einem andern Titel gar nicht dürfen wiederholet werden. Der Auszug daraus steht in dem ersten Teile des gedachten Thesauri, wo man an dem Rande diese

Anmerkung des Gruterus findet: ex libro obscurorum locorum Venetiis in 4. Urbini Grammaticam docuit et Bibliothecae Guidi Ubaldi Urbini ducis praeerat. Valla in illum invectus, qui in omnes stylum amarulentum strinxit adeoque fere in Christum. Von seinen Fabeln gibt weder Jöcher noch Bayle noch Gesner eine ältere Ausgabe an, als die von 1522 in Straßburg. Nevelet, wie Bayle anmerkt, hat sich noch einer jüngern bedient. Ich habe eine weit ältere vor mir, welche aber nur das erste Hundert enthält, und zu Venedig 1499 in 4. unter der Aufschrift: Fabulae per latinissimum virum LAVRENTIVM ABSTEMIVM nuper compositae gedruckt ist. Diesen sind 30 Fabeln des Äsopus, aus dem Griechischen durch den Laurentius Valla übersetzt, beigefügt. Ich nenne diese letztern deswegen ausdrücklich mit, um den Zweifel des de la Monnoie zu bestärken, den er bei der obigen Randnote des Gruterus hat, daß nämlich Laurentius Valla diesen Abstemius sehr unhöflich durchgezogen habe. Würde es wohl Abstemius, welcher damals noch lebte, oder würden es seine Freunde, die diese Ausgabe besorgt, zugegeben haben, daß man seinen Fabeln einige kahle Übersetzungen seines Feindes mit so vielen Lobsprüchen, als die daselbst bekommen, beifügen dürfe?

Abudacnus

Seine historia Iacobitarum ist zu Oxford 1675 nicht in 12 sondern in 4 gedruckt worden. Herr Clement sagt zwar auch in 12; doch beide berufen sich auf den Herrn von Seelen, ohne diese erste Ausgabe vielleicht jemals gesehen zu haben. Herr Clement setzt noch hinzu: pagg. 75. und nennt es gleichwohl un petit traité qui ne remplit que quatre feuilles. Hier hat er sich also noch dazu verrechnet; denn wenn es vier Bogen stark, und dennoch in 12 sein sollte, so müßte es ja 96 und nicht 75 Seiten haben. Doch wie gesagt, es ist in Quart und nimmt nicht mehr als 30 Seiten, ohne das Titelblatt und zwei Blätter Vorrede, ein. Übrigens aber hüte man sich, die Geschichte der Jakobiten für das einzige Werk des Abudacnus zu halten. Außer den Schriften die er im Manuskripte hinterlassen hat, und worunter sonderlich die arabische Grammatik gehöret, welche in der kaiserlichen Bibliothek zu Wien aufbehalten wird, (LAMBECIVS Tom. I. Comment. S. 176.) hat man noch von ihm Speculum hebraicum, gedruckt zu Löwen 1615. Daß er in Löwen Professor der orientalischen Sprachen gewesen sei, ist ausgemacht. Der Herr D. Jöcher hätte also das *soll* und *nach einiger Meinung* ersparen können. Abraham Scultetus in seiner Lebensbeschreibung gedenkt seiner; desgleichen auch Eryc. Puteanus in dem 59ten Briefe des ersten Hunderts. Diese beiden Stellen habe ich den *monatlichen Unterredungen* des Herrn Tenzels zu danken; nach dessen Vermutung der damalige Bischof, Johann Fell, die Ausgabe der Geschichte der Jakobiten soll besorgt haben.

Donat Acciajoli

Er ist kein Plagiarius.* Er ist es nicht, welcher des Nic. Acciajoli Leben in das Italienische übersetzt hat.** Dieses Leben hat kein Palearius sondern Matth. Palmerius geschrieben.*** Die Lebensbeschreibungen aus dem Plutarch hat er nicht italienisch übersetzt. Bei Gelegenheit dieser Lebensbeschreibungen noch eine Unrichtigkeit.† Eines von seinen Werken, welches das geringste nicht ist, hätte man nicht vergessen sollen.†† Ein Umstand von ihm, welcher vielleicht der bekannteste nicht ist.†††

　　* Wenn wird man aufhören einen ehrlichen Mann der Nachwelt mit einem Schandflecke abzumalen, den ihm die Gelehrtesten längst abgewischt haben? Doch was pflanzt man lieber fort als Beschuldigungen? Simon Simonius war der erste, welcher dem guten Acciajoli (epist. dedicat. comm. in lib. I. Eth. Nicom.) das Plagium gegen seinen Lehrer Schuld zu geben schien. Naude, welcher vielen Gelehrten ihren guten Namen wiedergegeben und vielen andern genommen hat, wiederholte diese Beschuldigung als eine Gewißheit. Vossius zweifelte daran, und Conring widerlegte sie, und zwar durch Anführung einer Stelle, wo es Acciajoli selbst gestehet, daß er die Vorlesungen seines Lehrers mit seiner Arbeit verbunden habe. Alles dieses erzählt Bayle weitläuftig. Was hilft es aber, daß billige Richter einen Ausspruch tun, wenn man dennoch die schimpflichen Vorwürfe der Ankläger fortdauern läßt? Wenn es nun jemanden einkäme, aus dem GL. die Exempel undankbarer Schüler zu sammeln; wie es denn schon zu vielen solchen schönen Sammlungen Gelegenheit gegeben hat: würde der Herr D. Jöcher nicht an der Beschimpfung dieses ehrlichen Italieners Schuld sein? Hätte man ihm aber ja einen gelehrten Diebstahl vorwerfen wollen, so würde man mit wenig Mühe einen andern haben finden können, dessen weder Bayle, noch sonst ein Criticus gedenkt, und weswegen ihn noch niemand ausdrücklich verteidigt hat. Ich ziele hiermit auf das, was Friedrich Bessel in der Vorrede zu seinen animadvers. ad Eginhartum sagt: Circumfertur Caroli M. vita, quam in Hagiologiam suam transtulit GEORGIVS WICELIVS, ratus, antiqui alicuius esse scriptoris, aut plane a Plutarcho conceptam, quo nomine risum movit Vossio; sed genuinus eius autor est DONATVS ACCIAIOLVS qui et ipse Eginhartum *fere exscribit* etc. Ich bin jetzo nicht im Stande, die Arbeit des Eginhartus mit der Arbeit des Acciajolus zu vergleichen, weil ich die letztere hier nicht bei der Hand habe; ich bin aber von seiner Ehrlichkeit so überzeugt, daß ich gleich im Voraus das Urteil des Herrn Hofrat Buders unterschreiben will, welcher in seiner Bibl. hist. selecta auf der 895. S. sagt: Vitam Caroli M. DONATVS quoque ACCIAIOLVS Florentinus, compto stilo composuit,

secutus quidem saepe Eginhartum, habet tamen quae vel apud hunc minime, vel paulo aliter expressa inveniuntur.

** Wenn man sich nur ein klein wenig näher um den Übersetzer der Lebensbeschreibung des Nic. Acciajoli hätte bekümmern wollen, so würde man gefunden haben, daß er zwar mit unserm Acciajoli gleichen Namen führe, daß er aber wenigstens hundert Jahre nach ihm gelebt habe, und ein Rhodiser Ritter gewesen sei. Was aber das Vorgeben, als ob dieser Acciajoli der Übersetzer dieser Lebensbeschreibung sei, am allerlächerlichsten macht, ist dieses, daß in dem Anhange derselben, welcher von der Familie des Acciajoli handelt, sein eignes Leben nebst seinem Tode erzählt wird.

*** Daß kein Palearius der Verfasser gedachter Lebensbeschreibung ist, kann ich nicht besser beweisen, als wenn ich den Titel derselben aus dem XIII. Tome der Scriptor. rer. ital. des Muratori hersetze: Matthiae Palmerii de vita et rebus gestis Nicolai Acciaioli, Florentini, Magnae Apuliae Senescalli ab anno 1310–1366. Ob ich mich aber, oder der Herr D. Jöcher richtiger auf diese Sammlung berufe, werden die sehen, die sie selbst nachschlagen können. Die gedachte Italienische Übersetzung dieser Lebensbeschreibung ist schon 1588 an das Licht getreten; und damals als der Herr de la Monnoie bei dem Bayle derselben gedenkt, war es wahr, daß das lateinische Original, wie er sagt, noch nicht im Druck erschienen sei. Man hat es nicht eher, als in dem angeführten 13ten Tome des Muratori, welcher 1728 herauskam, zu sehen bekommen.

† Ich glaube es selbst nicht, daß der Herr D. Jöcher dieses habe sagen wollen, gleichwohl aber sagt er es, und daran ist nichts Schuld, als seine verworrene Schreibart, welche gar zu viele und noch dazu verschiedene Sachen in einen Perioden bringen will. *Er hat, sagt er, die vom Plutarch aufgesetzten Lebensbeschreibungen Hannibalis, Scipionis, Alcibiadis und Demetrii aus dem Griechischen, ingleichen – ins Italienische übersetzt.* Ich habe diese Lebensbeschreibungen selbst niemals gesehen; Jovius aber sagt es ausdrücklich, daß sie lateinisch sind. Wem diese Unrichtigkeit zu geringe scheint, dem will ich eine vielleicht größere in eben den angeführten Worten zeigen. *Die vom Plutarch aufgesetzten Lebensbeschreibungen Hannibalis und Scipionis.* Hat es der Herr Doctor nicht bei dem Placcius und Bayle gelesen, daß Acciajoli diese beiden Stücke dem Plutarch müsse untergeschoben haben, weil man die Urschrift in seinen Werken nicht findet? Will man aber sagen, er könne wohl eine Handschrift besessen haben, die vollständiger gewesen wäre, als unsre jetzigen Abdrücke, so ist auch hierauf die Antwort leicht. Das Verzeichnis

nämlich, welches Lamprias, der Sohn des Plutarchs, von den Schriften seines Vaters aufgesetzt, zeigt es augenscheinlich, daß Plutarch wenigstens niemals eine Lebensbeschreibung des Hannibals verfertiget hat. Dieses Verzeichnis hat Höschelius, der es von dem Andreas Schottus bekommen hatte, zuerst ans Licht gebracht; und wie wohl sagt er in seinem Briefe an den Raphelengius davon: Id genus indices cui usui sint non nescis. Ψευδεπιγραφα multa produnt; de amissis et latitantibus erudiunt. Wenn man hieraus schließen will, daß also Acciajoli, gesetzt, daß er auch kein Plagiarius gewesen ist, gleichwohl ein gelehrter Betrieger gewesen sei; so kann man sich gleichwohl noch übereilen. Vielleicht hat er es selbst zugestanden, daß er in diesen beiden Lebensbeschreibungen, den Plutarch nur nachgeahmt, nicht aber übersetzt habe.

†† Ich meine nämlich seine italienische Übersetzung der florentinischen Geschichte des Leon. Bruni, welche drei Jahre nach seinem Tode in Venedig unter folgendem Titel ist gedruckt worden: Storia Fiorentina tradotta in volgare per DONATO ACCIAIOLI. Impressa in Vinegia per lo diligente huomo maestro JACOMO DI ROSSI, de natione Gallo 1476 in Folio. Der Herr Clement hat sowohl diese, als eine neuere Edition von 1561 mit der Fortsetzung und den Anmerkungen des Franciscus Sansovini, angeführt, und rechnet beide unter die seltnen Werke.

††† Daß Acciajoli seiner Vaterstadt wichtige Dienste geleistet, findet man bei dem Bayle; daß ihm aber seine Dienste sehr schlecht sind belohnt worden, und daß er einmal so gar seine Vaterstadt habe räumen müssen; findet man daselbst nicht, so wichtig auch dieser Umstand ist. Ich habe die Nachricht davon einer Stelle aus des B. Accolti Gespräche de praestantia virorum sui aevi zu danken. Hier ist sie: Fuit etiam in civitate ista praecipuae auctoritatis vir, DONATVS ACCIAIOLI equestris ordinis, prudentiae, magnitudinis animi, continentiae singularis, cujus consiliis plurima in republica utilia decreta sunt: nec tamen ob ejus egregia merita declinare invidiam potuit, quin inimicorum opera ex urbe pelleretur.

Zenobius Acciajoli

Überhaupt merke ich bei diesem Artikel als einen nicht geringen Fehler an, daß man die Schriften dieses Gelehrten, welche gedruckt worden, von denen nicht unterschieden hat, die niemals an das Licht gekommen sind. Man sehe, was der Herr de la Monnoie bei dem Bayle davon erinnert. Der Herr D. Jöcher redet von Briefen an den Picus de Mirandula. Ich finde aber unter den Briefen dieses Gelehrten nicht mehr als einen einzigen von dem Zenobius und zwei Antworten an ihn. Seine Chronik eines Klosters in Florenz ist auch mit einem Schnitzer angeführet worden, indem das GL. dieses Kloster St. Mariae anstatt St. Marci genennt hat. Was endlich des ARISTOTELIS Ethicam ad Nicomachum cum scholiis et glossis interlinearibus anbelangt, so vermute ich nicht ohne Grund, daß hier Zenobius Acciajoli mit dem vorhergehenden Donatus sei verwechselt worden. Von seinem Sterbejahre eine Anmerkung* welche den Herrn de la Monnoie angeht.

    * Ambrosius Altamura sagt, Zenobius sei im Jahre 1520 gestorben. Dem Herrn de la Monnoie ist dieses verdächtig vorgekommen. Er sagt daher, es hielten einige dafür, er könne nicht eher als im Jahre 1537 gestorben sein, weil Hieronymus Aleander, welcher ihm in dem Amte eines Bibliothekars im Vatikane gefolgt ist, diese Stelle nicht eher als im gedachten 1537ten Jahre angetreten habe. Allein woher hat der Herr de la Monnoie diese Nachricht? Bayle sagt: Aleandre fut d'abord placé chés le Cardinal de Medicis, auquel il servit de Secretaire: il eut ensuite la charge de Bibliothecaire du Vatican aprés la mort d'Acciajoli. Mais le grand theatre ou il commença de paroitre avec eclat fut l'Allemagne, au commencement des troubles que la Reformation y excita. Il y fut envoié Nonce du Pape l'an 1519. Ist hieraus nicht zu schließen, daß er schon vor dem Jahre 1519 die Aufsicht über die vatikanische Bibliothek müßte gehabt haben? – – – Doch Bayle könnte vielleicht hier ein Hysteronproteron begangen haben? Ich will also den Zweifel des Herrn de la Monnoie auf eine unwidersprechlichere Art nichtig machen: durch die Anmerkung nämlich, daß H. Aleander 1537 schon Kardinal gewesen, oder wenigstens gleich das Jahr darauf geworden ist. Ist es also möglich, daß er dem Z. Acciajoli erst zu dieser Zeit könne gefolgt sein? Ich will es aber gleich entdecken, woher dieser Irrtum des Herrn de la Monnoie entstanden ist. Daher nämlich, daß er eben so wenig wie der Herr D. Jöcher, die Aufseher in der vatikanischen Bibliothek, von dem eigentlichen Bibliothekar, welches niemand anders als ein Kardinal sein kann, unterschieden hat. Als Acciajoli 1520, oder wie ich vermute, noch eher, starb, folgte ihm Aleander nur als Custos, oder Magister Bibliothecae Vaticanae. Nach seiner Gelangung zur Kardinalswürde aber, welches gegen das Jahr 1538 geschah, ward er eigentlicher Bibliothekar. Ich muß mich wundern, wie sich Bayle durch einen so leicht zu widerlegenden Einwurf hat können irre machen lassen. Doch es scheinet, als ob er dem Herrn de la Monnoie allzuviel Genauigkeit zugetraut hätte. Und nur daher ist es vielleicht gekommen, daß er sich verschiedne Fehler von ihm hat aufheften lassen. Ich will es noch zum Überflusse durch ein Zeugnis beweisen, daß Acciajoli schwerlich erst 1537 könne gestorben sein. Leander Albertus sagt in seiner »Beschreibung Italiens«, welche ich nach der lateinischen

Übersetzung anführen muß, von ihm folgendes: ZENOBIVS ACCIEVOLVS ex ordine praedicatorum, qui de graecis opera quaedam in latinum convertit, nominatim Justinum Martyrem, et *annis superioribus* Bibliothecae Vaticanae Magister excessit. Diese Stelle steht nicht weit vom Anfange eines Werks, welches der Verfasser schon 1537 völlig ausgearbeitet hatte, ob es gleich erst einige Jahr drauf gedruckt worden. Wie hätte er annis superioribus sagen können, wann er in eben dem Jahre gestorben wäre? Was die Übersetzung des Justinus, in dieser Stelle des Albertus, anbelangt, so ist sie niemals gedruckt worden, welches denen bekannt sein wird, welche wissen, daß wir nicht mehr als drei lateinische Übersetzungen des Justinus haben. Die erste ist von dem Joachimus Perionius; die zweite von dem Sigis. Gelenius, und die dritte von Johann Langen.

Fußnoten

1 So muß der sprechen, der aus Überzeugung und nicht aus Heuchelei lobt. Aus dieser letztern Quelle sind, leider ein großer Teil der uneingeschränkten Lobsprüche geflossen, die Luthern von unsern Theologen beigelegt werden. Denn loben ihn nicht auch diejenigen, deren ganzen, losem Geize und Ehrgeize man es nur allzuwohl anmerkt, daß sie im Grunde ihres Herzens, nichts weniger als mit Luthern zufrieden sind? die ihn heimlich verwünschen, daß er sich auf Unkosten seiner Amtsbrüder groß gemacht, daß er die Gewalt und den Reichtum der Kirche den Regenten in die Hände gespielt, und den geistlichen Stand dem weltlichen Preis gegeben, da doch dieser so manche Jahrhunderte jenes Sklave gewesen?

2 Es war den ersten Reformatoren sehr schwer, dem Geiste des Pabsttums gänzlich zu entsagen. Die Lehre von der Toleranz, welche doch eine wesentliche Lehre der christlichen Religion ist, war ihnen weder recht bekannt, noch recht behäglich. Und gleichwohl ist jede Religion und Sekte, die von keiner Toleranz wissen will, ein Pabsttum.

3 Lemnius hätte, wie Alkibiades, den die Athenienser zurückberiefen, um sich gegen seine Ankläger zu verteidigen, antworten können:

Ευνθες, τον εχοντα δικην ζητειν αποφυγειν, ενον φυγειν.

Und als man den Alkibiades fragte, ob er seinem Vaterlande (τη πατριδι) nicht zutraue, daß es gerecht sein werde, antwortete er: auch meinem Mutterlande nicht (τη μητριδι). Wie leicht kann es nicht aus Irrtum oder Unwissenheit ein schwarzes Steinchen für ein weißes greifen.

Zu der Nachricht, daß ihn seine Landesleute zu Tode verurteilt, sprach er: wir wollen ihnen zeigen, daß wir noch leben. Er ging zu den Lacedemoniern und erregte den Atheniensern den dekelikischen Krieg. Aelian. XIII. c. 38.

4 Außer vielleicht der einzige Cowley, welcher in den Anmerkungen zu dem ersten Buche seiner »Davideis« folgendes schreibt: The Custom of beginning all Poems, with a Proposition of the whole work, and an Invocation of some God for his assistance to go through with it, is so solemnly and religiously observed by all the ancient Poets, that though I could have found out a better way, I should not (I think) have ventured upon it. But there can be, I believe, none better, and that part of the Invocation, if it became a Heathen, is no less necessary for a christian Poet. *A Jove Principium Musae;* and it follows then very naturally, *Jovis omnia plena.* The whole work may reasonably hope to be filled with a divine Spirit, when it begins with a prayer to be so. The Grecians built this Portal with less state, and made but one part of these *Two*: in which, and almost all things else, I prefer the judgment of the Latins: though generally they abused the Prayer, by converting it from the Deity, to the worst of Men, their Princes: as Lucan adresses it to *Nero*, and Statius to *Domitian*; both imitating therein (but not equalling) Virgil, who in his Georgicks chuses Augustus, for the Object of his Invocation, a God little superior to the other two.

5 In der nämlichen Ode hat Herr Lange noch einen andern Fehler gemacht: er übersetzt:
Arsit Atreides medio in triumpho
         Virgine rapta.

Erhitzte denn da, selbst mitten in dem Triumphe

– – – nicht die beiden Söhne des Atreus
         Die schöne Geraubte?

Die Konstruktion, und die Geschichte zeigt ja deutlich, daß hier nur von dem Agamemnon die Rede sei, welcher dem Achill die Briseis raubt. Und ist es wohl der Sinn des Lateinischen:

Regium certe genus et penates
         Moeret iniquos

wenn Herr Lange übersetzt:

Gewiß sie beklagt das Unglück fürstlicher Kinder

Und zürnende Götter?